Mosaiksteine 7

Lehrerhandbuch

7

Lehrerhandbuch

Herausgegeben von
Dr. Hans Bald, Bärbel Kappe, Martin Potoradi

unter Mitarbeit von
Gundula Socher, Ralf Thaben, Gudrun Unseld

Bibliografische Information Der Deutschen Bibliothek
Die Deutsche Bibliothek verzeichnet diese Publikation in der Deutschen Nationalbibliografie; detaillierte bibliografische Daten sind im Internet über <http://dnb.ddb.de> abrufbar.

Birkerstraße 22, 80636 München
www.claudius.de

ISBN 10: 3-532-70117-0
ISBN 13: 978-3-532-70117-1

Inhalt

Vorwort

Liebe Kolleginnen und Kollegen,

Das Lehrerhandbuch zu »*Mosaiksteine 7*« will Ihnen einerseits den Aufbau und die Intentionen dieses Religionsbuches näher bringen und zur Erschließung der darin enthaltenen Materialien Hilfestellung leisten, andererseits möchte es Ihnen Anregungen und Vorschläge zum Einsatz der Buchmaterialien im Unterricht anbieten und Ihnen darüber hinaus Kopiervorlagen zur Verfügung stellen.

Aufbau und Intentionen des Schulbuchs »Mosaiksteine 7«

Der Titel »*Mosaiksteine*« will auf die Vielfalt der darin enthaltenen Materialien hinweisen, die wie bunte Steine eines Mosaiks zu einem Gesamtbild des Glaubens und des Lebens zusammengefügt werden können.
Die *fünf Kapitel* des Buches orientieren sich inhaltlich an den Vorgaben des Lehrplans für Realschulen in Bayern und sind durch unterschiedliche Farben gekennzeichnet.
Die letzte Seite jedes Kapitels fasst zusammen, was die Schüler/innen kennen, verstehen, wissen und können sollten, nachdem sie das Kapitel im Unterricht und zu Hause bearbeitet haben. Dieser Grundwissen-Katalog soll ihnen eine gezielte Überprüfung des eigenen Könnens und Wissens ermöglichen.
Die Denk- und Handlungsimpulse (mit senkrechtem Balken gekennzeichnet) sind einerseits als Erschließungsanregungen und Verstehenshilfen gedacht, die den Schülerinnen und Schülern ermöglichen, die Inhalte der Buchmaterialien selbstständig zu erfassen, andererseits dienen sie aber auch als weiterführende Impulse, die zum handelnden Umgang und zur vertiefenden Beschäftigung mit diesen »*Mosaiksteinen*« anregen sollen. Die Impulse bleiben nicht bloß schulbuchimmanent, sondern weisen auch auf außerschulische Informationsquellen und Handlungsmöglichkeiten hin. Sie enthalten jedoch keine Hinweise darauf, wie die Buchmaterialien im Unterricht eingesetzt werden können, sondern wollen ausschließlich die persönliche Beschäftigung der Schüler/innen mit dem Buch unterstützen. Vorschläge zum methodischen Einsatz der Buchmaterialien im Unterricht werden ausschließlich im Lehrerhandbuch als Gestaltungshilfen für die Lehrkraft angeboten. Das Schulbuch »*Mosaiksteine 7*« will Ihnen, liebe Kolleginnen und Kollegen, nicht die Möglichkeit aus der Hand nehmen, Ihre Unterrichtsmethoden selbst auszuwählen. Anregungen dazu werden jedoch im Lehrerhandbuch angeboten.
Die Info-Leisten im oberen Teil der Buchseiten bieten zusätzlich Erklärungen und Sachinformationen an, die den Schülerinnen und Schülern das inhaltliche Erschließen der Materialien erleichtern bzw. ermöglichen.

Das Lehrerhandbuch zu »Mosaiksteine 7«

Das vorliegende Lehrerhandbuch ist so angelegt, dass jede/r Unterrichtende die darin enthaltenen Informationen, Hinweise, Anregungen und Materialien dem eigenen Unterrichtskonzept entsprechend verwenden kann.
Die Vorüberlegungen, die jeweils die einzelnen Kapitel einleiten, gehen auf

die Stellung des jeweiligen Themas in unserer Gesellschaft und im Bewusstsein der Schüler/innen ein. Es wird in diesem Teil auch auf didaktische Schwerpunkte hingewiesen sowie auf mögliche Schwierigkeiten, die bei der Vermittlung der im Kapitel enthaltenen Lerninhalte auftreten können.
Die Fundgrube für den Unterricht erläutert Seite für Seite die Materialien des Schulbuchs, zeigt Einsatzmöglichkeiten dieser Materialien im Unterricht auf, bietet ergänzende oder klärende Zusatzinformationen an und verweist auf fächerübergreifende Erschließungsmöglichkeiten.
Der Materialteil, der jeweils am Schluss jedes Kapitels im Lehrerhandbuch angesiedelt ist, enthält Texte, Spielanleitungen, Rätsel, Lieder, Arbeitsblätter usw. All diese Materialien können als Kopiervorlagen benutzt werden. Sie sind mit dem Buchstaben »M« gekennzeichnet und für jedes Kapitel durchgehend nummeriert.
Hinweise auf weitere Materialien und Literatur zu den behandelten Themen finden sich jeweils im Anhang zu den einzelnen Kapiteln des Lehrerhandbuchs.

Wir wünschen Ihnen viel Freude und Erfolg bei der Arbeit mit dem Schulbuch und dem Lehrerhandbuch *»Mosaiksteine 7«*.

Die Herausgeber

1. Kapitel Ich werde erwachsen

1. Vorüberlegungen

Viele Schüler/innen haben wegen der beginnenden Pubertät Schwierigkeiten mit sich und ihrer Umwelt. Die Kindheit ist vorbei, aber richtig erwachsen sind sie auch noch nicht. Dabei ist bei den heutigen Jugendlichen zu beobachten, dass die körperliche Entwicklung zum Erwachsenen früher eintritt, während die seelisch-geistige Reife erst später erreicht wird. Dies stellt die Heranwachsenden vor weitere Probleme.

Die Ablösung vom Elternhaus und die Neuorientierung wird als schmerzlicher, aber zugleich auch befreiender Prozess erlebt. Kaum ein anderer Lebensabschnitt stellt die Weichen für die Zukunft so entscheidend. Die Schule beherrscht einen großen Teil des Lebens, aber die Angebotsvielfalt an Freizeitgestaltung, die Dominanz von Medien und Werbung machen es den Schülerinnen und Schülern schwer, sich zu orientieren und sich zielorientiert zu entwickeln. Im Vergleich zu früher stehen ihnen eine Vielfalt von Möglichkeiten offen, ihre Wünsche zu entfalten. Keine junge Generation ist in einem solchen gesamtgesellschaftlichen Wohlstand aufgewachsen wie die heutige. Aber zugleich erfahren die Schüler/innen auch erhebliche Grenzen, die unter anderem mit der zunehmend schwierigen Situation auf dem Arbeitsmarkt zu tun haben. Arbeitslosigkeit oder die Schwierigkeit, einen Ausbildungsplatz zu bekommen, sind doch einigen vertraut. Die damit verbundenen Ängste können im Unterricht thematisiert werden. Überhaupt sollte den Schülerinnen und Schülern ausreichend Raum zur Auseinandersetzung mit eigenen Problemen gegeben werden. Aufgabe des Religionsunterrichts kann es aber nicht sein, die einzelnen Themen nur zu diskutieren, sondern es sollten konkrete Orientierungshilfen im Sinne einer christlichen Werteordnung angeboten werden.

Das vorliegende Kapitel erhebt nicht den Anspruch auf Vollständigkeit. Es kann nur exemplarisch aufzeigen, dass Erwachsenwerden individuell unterschiedlich erlebt wird. Einige Schüler/innen sind schon mitten in der Pubertät, während andere noch kindlich sind und mit bestimmten Themen aus dem Schulbuch wenig oder noch gar nichts anfangen können. Dieser Ausgangssituation muss der Religionsunterricht Rechnung tragen.

2. Anmerkungen zu den Materialien & Fundgrube für den Unterricht

2.1 Vorschläge für die ganzheitliche Unterrichtsgestaltung

Die unterschiedlichen Aspekte der vorliegenden Unterrichtseinheit könnten für die Schüler/innen dadurch laufend visualisiert werden, dass eine Wandzeitung erstellt wird, auf der die wichtigsten Ergebnisse festgehalten werden.

Schreibmeditation

Zum Einstieg in das Thema »Erwachsen werden« eignet sich folgendes Vorgehen: Die Schüler/innen sitzen an Gruppentischen. Jeder hat einen Stift und ein Din-A4-Blatt in der Hand, das mit dem Wort »Erwachsen werden« beschriftet wurde und schreibt einen zweiten zum Thema passenden Begriff auf das Blatt. Anschließend wird das Blatt an den rechten Sitznachbarn weitergegeben. Dieser ergänzt das Blatt um einen weiteren Begriff. Die Blätter werden im Kreis weitergereicht, bis jeder ein neues Wort ergänzt hat und der Zettel schließlich wieder bei seinem »Besitzer« angekommen ist. Dann werden die Blätter mit Wäscheklammern an einer Leine befestigt. Die Assoziationen können anschließend von allen gelesen und diskutiert werden. Die Leine sollte an einer Stelle des Klassenraums befestigt werden, an der sie den normalen Unterrichtsverlauf nicht stört. Anschließend wird im Unterrichtsgespräch ein Tafelbild erarbeitet, in dem u. a. der Begriff Pubertät definiert und festgehalten wird.

Beispiel für ein Blatt:

Erwachsen werden
Ablösung
Veränderungen
Probleme mit den Eltern
Mehr Rechte

M 1

Vorschlag für ein Tafelbild

Mosaiksteine, 8

Der Text bietet Anlass zu einem Unterrichtsgespräch über die Gefühle und die Gedanken, die einem jungen Menschen während seines Erwachsenwerdens durch den Kopf gehen können. Er zeigt, dass der Weg zum Erwachsenen mit Schwierigkeiten verbunden ist.

Mögliche Erschließungsaufgaben:

- Jede Schülerin und jeder Schüler lesen zunächst für sich still den Text durch. Anschließend wird der Text gemeinsam gelesen, und zwar satzweise: Nach jedem Satz liest eine Schülerin oder ein Schüler weiter; zeilenweise: Nach jeder Zeile liest eine Schülerin oder ein Schüler weiter; wortweise: Nach jedem Wort liest eine Schülerin oder ein Schüler weiter. Zum Lesen können die Schüler im Raum verteilt sein. Damit wird der Text »gespielt«.
- Jede/r sucht sich den Satz heraus, der ihn/sie am meisten anspricht, und begründet seine/ihre Meinung.

M 2

Der Leserbrief aus der Zeitschrift »Mädchen« verdeutlicht die Gedanken eines Mädchens. Die Schüler/innen können Petra eine Antwort schreiben, bevor die Antwort der Zeitung besprochen wird.

Mosaiksteine, 9

Das Bild von Salvador Dali, »Jeune fille à la fenêtre« lädt zu einer Bildmeditation ein. Die Schüler/innen können hierbei ihren Gedanken zu einer Meditationsmusik freien Lauf lassen.

Salvador Dali, spanischer Maler und Grafiker (1904–1989), vertritt die Richtung der surrealistischen Malerei. Seine Motive sind Ausdruck surrealistischer Irrationalität und bewegen sich in einer Traum- und Assoziationswelt. Dabei bevorzugt er religiöse und erotische Themen.

2.3 Pubertät

M 3 Das Gedicht von Jörg Zink kann als Meditationstext zum Einstieg verwendet werden.

Mosaiksteine, 10 Dass das Leben nicht gleichmäßig verläuft, sondern unterschiedliche Phasen aufweist, wird auf dieser Seite thematisiert.

M 4 Die Schüler/innen werden ermutigt, anhand ihrer mitgebrachten Kindheitsbilder auf ihr bisheriges Leben zurückzublicken. Das abgedruckte Arbeitsblatt ist ein Vorschlag für die Wandzeitung.

M 5 Die wichtigsten Informationen zum Jugendschutzgesetz sind hier abgedruckt. Den Schüler/innen und -schülern wird damit bewusst gemacht, dass sie während ihrer Entwicklung zum Erwachsenen sowohl mehr Rechte, als auch mehr Pflichten erhalten.

Methodische Möglichkeit:
Mit der folgenden Übung kann den Schülern und Schülerinnen die Spannung bewusst gemacht werden, in der sie selbst stehen:

Möglicher Hefteintrag:

Ich bin gerne Kind,	wenn ich etwas angestellt habe, weil ich dann keine Verantwortung übernehmen muss, wenn ... weil ...
Ich wäre gerne erwachsen,	weil ich dann fernsehen kann, wann und wielange ich will. weil ich dann weggehen kann, wann ich will. weil ...

Mosaiksteine, 11 Dass Pubertätsprobleme und die Auseinandersetzung mit den Eltern sowie die damit verbundenen Konflikte nicht erst heute aktuell sind, veranschaulicht der Text von Anne Frank. Auch wenn die Situation durch die engen Wohnverhältnisse und die Angst vor dem Entdecktwerden verschärft wird, zeigt der Text typische Probleme, Unsicherheiten und Gedanken von Jugendlichen auf.

M 6 Gedicht von Ernst Jandl

Ernst Jandl (1925–2000) ist ein österreichischer Schriftsteller. Er verfasste mit den Möglichkeiten der Sprache souveränwitzig experimentierende und jonglierende Gedichte.

2.4 Den eigenen Weg suchen

Mosaiksteine, 12

Die Geschichte von Adrian Mole spricht eine Reihe von Schwierigkeiten an, die Jugendliche mit dem Erwachsenwerden haben. Einerseits möchten sie wie Erwachsene behandelt werden und eigene Entscheidungen treffen, andererseits sind sie doch häufig damit überfordert.

Mögliche methodische Vorgehensweise:
- Die Schüler/innen finden zu jedem Tag eine Überschrift.
- Zusammen mit dem Banknachbarn schreiben die Schüler/innen eine E-Mail (kurzer, knapper Stil), um Adrian zu trösten.

Mosaiksteine, 13 oben

Mit dem Bild von Oskar Schlemmer wird der Versuch unternommen, die Suche nach dem eigenen Weg zu abstrahieren. Hier bietet sich an, die Problematik der Suche nach dem eigenen Weg auch auf der Gefühlsebene zu bearbeiten.

Oskar Schlemmer (1888–1943) arbeitete als Maler und Bildhauer. Von 1920 bis 1929 lehrte er am Bauhaus, bis 1932 an der Breslauer, bis 1933 an der Berliner Akademie. Schlemmer, dessen Vorstellungen von einer Integration der Künste bahnbrechend wurden, suchte besonders im Bühnentanz das menschliche Dasein durch abstrakte Figuren und deren Verhältnis im Raum zu veranschaulichen.

M 7

Bildvorlage
Mit dem Banknachbarn kann das Bild auf der Gefühlsebene erschlossen werden. Das Bild liegt als Kopie auf der Bank. Ein Schüler/eine Schülerin schließt die Augen und der Partner führt die Hand die einzelnen Linien entlang. Jeder Schüler/jede Schülerin soll sich einmal führen lassen. Im anschließenden Unterrichtsgespräch werden die Erfahrungen und die Gefühle, die jeder dabei gemacht hat, thematisiert und besprochen. Dieses Gespräch bereitet auf den Text »Das Seepferdchen« vor.

Mosaiksteine, 13 unten

Das Märchen vom kleinen Seepferdchen kann als Impuls für ein Gespräch über Lebensziele und den eigenen Weg dorthin genutzt werden.

Methodische Möglichkeiten:
- Die Schüler/innen überlegen in Kleingruppen, was das Seepferdchen falsch gemacht hat und schreiben die Geschichte um, indem sie ihr einen positiven Ausgang geben.
- Die Schüler/innen diskutieren, ob und wozu man Lebensziele braucht.
- Sie erstellen ein Plakat, auf dem ihre wichtigsten Lebensziele festgehalten werden.

2.5 Die Konfirmation

Mosaiksteine, 14

Das Fest der Konfirmation wird heute von vielen Jugendlichen aus unterschiedlichen Motiven gefeiert. Bei einigen Schülerinnen und Schülern mögen die Geschenke im Vordergrund stehen, viele aber stellen sich bewusst die Frage, ob sie weiter zur Gemeinde dazugehören wollen. Im evangelischen Gesangbuch stehen dazu wichtige Informationen, z. B. in der Ausgabe für Bayern und Thüringen, Nr. 815 bis 819.

M 8/M 9 Die Arbeitsblätter versuchen das Thema Geschenke und Sinn der Konfirmation zu vertiefen.

Mosaiksteine, 15 Das Bild *Stilles Leuchten* von A. Jawlensky veranschaulicht den Psalm 23 eindringlich: Auch wenn wir traurig sind und unser Leben nicht so läuft wie erhofft, wissen wir doch um unsere Stärke, weil einer immer für uns da ist.

Methodische Möglichkeit zur Erschließung des Psalms:

- Zunächst wird der Psalm gelesen.
- Die Schüler/innen schreiben zum ersten Vers ihre Gedanken mit eigenen Worten auf:

Beispiel:

Der Herr ist mein Hirte, mir wird nichts mangeln.
Er sorgt dafür, dass ich nicht hungern muss.
Er tröstet mich, wenn es mir schlecht geht ...

Alexei von Jawlensky, russischer Maler (1864–1941). Er begann zunächst eine Offizierslaufbahn in St. Petersburg, die er mit dem Umzug nach München 1896 aufgab. Er widmete sich dann ganz der Malerei und stand den Künstlern des Blauen Reiters nahe. Seine Bilder zeichnen sich durch eine besondere farbliche Leuchtkraft aus.

M 10 Verdeutlicht wird die Aussage von Jawlenskys Bild und Psalm 23 anhand der Aussage eines Konfirmanden. Die Schüler/innen können das Blatt künstlerisch gestalten.

2.6 Vorbilder

Mosaiksteine 16 Die Karikatur von Marie Marcks bietet sich als Einstieg in diesen thematischen Teilbereich an. Die Anbetungshaltung umfasst zwei Aspekte: die Ausrichtung des Lebens auf gute Noten bzw. Leistung, um überhaupt ein Lebensrecht zu haben und die Vorbildfunktion dessen, der den obersten Platz einnimmt.

Methodische Möglichkeiten:

- Die Schüler/innen zeichnen ein Siegerpodest ins Heft, schreiben jeweils einen Namen aus unterschiedlichen Bereichen (Sport, Musik, Show etc.) oberhalb des Podestes und begründen die Wahl.
- Sie schneiden aus Jugendzeitungen wie Bravo, Mädchen etc. Fotos von Menschen aus, die ihrer Meinung nach einen Menschen in einer Vorbildrolle zeigen und schreiben einen kurzen kommentierenden Text dazu. Im anschließenden Gespräch werden die inhaltlichen Unterschiede zwischen einem *Idol* und einem *Vorbild* herausgearbeitet.

Hinweis: Unter **Idol** versteht man meist eine Person, seltener eine Sache oder eine bestimmte Weltanschauung, die (meist von Jugendlichen) schwärmerisch verehrt und als Wunschbild oder Ideal und somit als Leitbild für die eigene Lebensgestaltung, das Aussehen oder das Verhalten angestrebt wird. Als Idole dienen in der Regel erfolgreiche Sänger beziehungsweise Sängerinnen in der Popmusik, Filmschauspieler, Models oder Sportler, manchmal auch Schriftsteller, Künstler und (recht selten) Politiker. Die zeitweilige Identifizierung mit einem Idol ist eine häufig in der Pubertät auftretende, im Rahmen der Persönlichkeitsentwicklung durchaus »normale« Erscheinung.
Unter **Vorbild** versteht man ein »an bestimmte (lebende oder historische) Personen gebundenes konkretes Bild, das einem Individuum (oft Jugendlichen) bei der Verhaltensorientierung, speziell bei der Ausbildung des eigenen Ich-Ideals, in der Regel auch beim Vorgang der Identifizierung, behilflich ist. Kollektive Vorbilder (bestimmte Gruppierungen, Freizeittrends, Mode) werden meist als **Leitbild** bezeichnet.«
(aus: Duden Band 7. Bibliographisches Institut & F. A. Brockhaus AG, Mannheim)

Mosaiksteine 16 Die Parabel von Leo N. Tolstoi veranschaulicht, dass Leistung alleine nicht ausreicht, um Vorbild zu sein.

Methodische Möglichkeit:
Der Text wird als Szene gespielt.

2.7 Gleichschritt oder eigener Takt?

Mosaiksteine 17 Zum Erwachsenwerden gehört das Einstehen für die eigene Meinung. Aber dies ist oft nicht einfach. Der Ausschnitt aus dem Roman »Der Club der toten Dichter« verdeutlicht den Schülerinnen und Schülern diese Problematik anschaulich. (S. auch den gleichnamigen Spielfilm, der immer wieder einmal im Fernsehen gezeigt wird.)

M 11 Karikatur
Die Schüler/innen können der Karikatur einen Titel geben und Situationen suchen, für die ihre Aussage zutrifft.

M 12 Das Pfeifkonzert
Der Text wird in Abschnitten erzählt oder vorgelesen. Nach dem ersten Abschnitt werden die ersten in der Erzählung genannten Personen als Rollen besetzt. Diese spielen dann, was sie gehört haben, nach. Danach hören alle einen weiteren Abschnitt der Erzählung. Weitere Personen, die in der Erzählung genannt werden, dürfen als Schauspieler auf die Bühne. Je nach Größe der Klasse können alle Schüler/innen am Spiel teilnehmen.
(aus: Ganzheitliche Methoden im Religionsunterricht. Ein Praxisbuch. Kösel Verlag, München, S. 141)

Mögliche Erschließung:
- Was habe ich im Spiel erlebt?
- Welche Gefühle hatte ich während des Spiels?

- Was fühle und denke ich jetzt nach dem Spiel?
- Gibt es Übertragungen auf unseren Alltag?

2.8 Träume

Mosaiksteine, 18

Mit einer Bildmeditation ausgehend vom Bild »Portrait eines jungen Mädchens« der Malerin Marie Laurencin wird in das neue Thema eingeführt.

Mögliche Erschließungsfragen:
- Welche Gedanken gehen mir bei der Betrachtung des Bildes durch den Kopf?
- Was löst das Bild in mir aus?
- Was gefällt mir, was stößt mich ab?

Marie Laurencin (1885–1956), französische Malerin, gehörte früh zum Kreis der Kubisten um G. Apollinaire und hatte Verbindungen zu G. Braque und P. Picasso. Sie malte überwiegend lyrische Szenen mit Mädchen und Frauen in hellen Farben.

Mosaiksteine, 18

Der Traum von der Glaskugel

Die Schüler/innen flüchten während der Pubertät häufig in Tagträume und entwerfen ein Modell für die eigene Person und Zukunft. Während des Hineinwachsens in die Erwachsenenwelt müssen sie Wunsch und Realität in Einklang bringen, was in vielen Fällen ein schwieriger, aber notwendiger Prozess ist. Der vorliegende Text ermutigt die Schüler/innen dazu, die eigenen Wünsche und Träume zu akzeptieren und zu verarbeiten.

Mögliche Erschließungsfragen:
- Welcher Satz im Text spricht mich an?
- Welcher Satz löst Widerstand in mir aus?

Die Schüler/innen begründen in Stillarbeit ihre Wahl und stellen ihre Meinung im Plenum vor.

Aktion

In Gruppenarbeit schreiben die Schüler/innen eine kurze Reizwortgeschichte zu den Begriffen »Traum, Zukunft und Angst« und tragen diese anschließend vor.

2.9 Mit Grenzen leben

Mosaiksteine, 19

»Das Märchen vom winzig kleinen Mann« befasst sich mit dem Wunsch, anders zu sein, als man ist.

Methodische Möglichkeiten:
- Der Text wird in einzelne Abschnitte gegliedert.
- Jeder Abschnitt wird als Comic von einer Kleingruppe auf Folie gemalt und am OHP nacherzählt.

M 13 Profile

Die meisten Menschen denken, die Wahrnehmung ihrer eigenen Person sei objektiv. Jedoch werden unsere Wahrnehmungen von verschiedenen Umständen beeinflusst. Die Abbildung soll eine differenzierte Sicht auf die eigene Persönlichkeit fördern und die Schüler/innen erkennen lassen, dass sie lernen müssen, sich selbst zu akzeptieren, mit ihren Fehlern und Stärken.

Mögliche Erschließungsaufgaben:

- Die Schüler/innen beschreiben, was sie erkennen.
- Sie überlegen gemeinsam, ob die Wahrnehmung des eigenen Profils mit der Wahrnehmung anderer Menschen übereinstimmt.

Aktion Profil zeichnen

Mit Hilfe eines Tageslichtprojektors wird das Profil jedes Schülers und jeder Schülerin an die Wand projiziert, an der weiße Blätter befestigt sind. Ein Mitschüler oder eine Mitschülerin zeichnet das Profil nach.
Jeder trägt nun Folgendes mit verschiedenen Farben in sein Profil ein:
Das finde ich gut an mir
Das finde ich nicht gut an mir
Anschließend wird das Profil mit dem Banknachbarn ausgetauscht und dieser trägt nun Folgendes ein:
Das finde ich an dir gut
Das finde ich nicht gut an dir
Jeder bekommt am Ende sein eigenes Profil zurück und kann lesen, was die anderen an ihm gut bzw. nicht gut finden. Voraussetzung für diese Aktion ist, dass die Schüler/innen sich gut kennen. Auf Außenseiter sollte besonders geachtet werden. Ziel dieser Aktion ist, dass die Schüler/innen ihre Stärken und Schwächen erkennen und ihnen bewusst wird, dass man von anderen meist anders wahrgenommen wird, als man dies selber tut.

M 14 Der Text von John Henry Newman verdeutlicht die dritte Perspektive.

2.10 Begabungen

Mosaiksteine, 20/ Aktion Wie viele unterschiedliche Talente und Fähigkeiten gibt es in unserer Klasse? Die Schüler/innen können dazu ein Plakat (Talentbörse) erstellen und im Zimmer aufhängen.

M 15 Die Texte »Talente, Talente ...« verdeutlichen, wie Menschen mit ihren unterschiedlichen Begabungen umgehen. In Gruppen können folgende Fragen bearbeitet und besprochen werden:

- Beschreibt den unterschiedlichen Umgang dieser Jugendlichen mit ihren Talenten in je einem Satz!
- Versucht Gründe für ihr unterschiedliches Verhalten zu finden!
- Sprecht darüber, wer sich eurer Meinung nach »richtig« und wer sich »falsch« verhält!

Mosaiksteine, 20 Mt 25,14–30, Gleichnis von den anvertrauten Pfunden
Die Schülerinnen und Schüler erhalten die Aufgabe, mit ihrem Banknachbarn den Text zu aktualisieren, in heutiges Deutsch zu bringen und das Verhalten der biblischen Figuren mit dem der Jugendlichen auf dem Arbeitsblatt M 15 zu vergleichen.

Diskussionsimpulse:
- Zu welchem Verhalten ermutigt euch der biblische Text?
- Betrachtet noch einmal unser Plakat!

2.11 … und was man aus ihnen macht

Mosaiksteine, 21 Der Text über das Schicksal eines Schriftstellers bzw. das Bild der malenden Frau zeigen auf, dass jeder seine Talente nutzen kann.

M 16 Bild einer Rollstuhlfahrerin
Die Schüler/innen können Fragen an das Bild stellen; »Experten« (meist der Lehrer oder Schüler/innen, die Erfahrung mit Behinderten haben) antworten.

Mögliche Fragestellungen:
- Welches Training war notwendig?
- Seit wann bist du im Rollstuhl?
- Wie gehst du mit deiner Behinderung um?

M 17 Exkurs: Leben mit behinderten Menschen
Der Text »Wenn ich blind wäre …« verdeutlicht nochmals die Situation behinderter Menschen. Die Schüler/innen überlegen, welche Probleme behinderte Menschen im Alltag haben.

Mögliche Fragestellungen:
- In welchen Situationen ist der Blinde dem Sehenden überlegen?
- Welche Dinge machen das Leben eines Blinden lebenswert?
- Wodurch wird es erschwert?
- Es gibt bekannte Behinderte, die etwas aus ihren Leben gemacht haben (z. B. Helen Keller, Stevie Wonder, Ray Charles als Blinde; L. Beethoven als Tauber; W. Schäuble als Rollstuhlfahrer; S. Hawkings…) Hier können eventuell entsprechende Biografien gelesen werden.

2.12 Ich bin stark

Mosaiksteine, 22 Die abgedruckten Schüleraussagen sollen die Schüler/innen ermutigen, über persönliche Fähigkeiten und Erfahrungen nachzudenken, auf die sie besonders stolz sind.

Mosaiksteine, 23 Anhand des Textes »Der Adler« können die Schüler/innen erkennen, dass in jedem etwas Besonderes steckt. Man muss es nur erkennen und nutzen.

Methodische Möglichkeiten:
- Beurteilen der Situation des Adlers

- Herausfinden der Ursachen für die zögerliche Haltung des Adlers
- Sammeln von Beispielen aus der menschlichen Gesellschaft, die mit dem Schicksal des Adlers vergleichbar sind

Dass Gott uns die Kraft gibt, unsere Stärken zu erkennen, verheißt die Bibelstelle Jes 40,31.

2.13 Mädchen und Jungen

Mosaiksteine, 24

Die Geschichte regt zur Diskussion über das gegenüber früher veränderte Verhältnis zwischen Mädchen und Jungen an.

Die Schüler/innen erarbeiten in Kleingruppen jeweils eine Collage zum Thema »Darstellung von Mann und Frau in der Presse«. Aus mitgebrachten Zeitungen und Zeitschriften werden Bilder ausgeschnitten. Die Schüler/innen begründen ihre Auswahl. Anschließend werden die Collagen auf ihre Aussage hin untersucht und im Hinblick auf 1. Mose 1,27 diskutiert.

2.14 Verschiedenheit

Mosaiksteine, 25

Der Text 1. Mose 1,27 bietet sich als Diskussionsgrundlage an zum Thema Gleichberechtigung und was dies im Leben jedes Einzelnen bedeutet. Anschließend kann der Informationstext gelesen und besprochen werden.

M 18

Dass es auch eine andere Rollenverteilung als die übliche geben kann, zeigt der Text »Verkehrte Welt«.

M 19

Maria und Martha
Lk 10,38–42 zeigt die Stellung Jesu zum »weiblichen« Rollenverhalten.

Methodische Möglichkeiten:

- Klärung des Rollenverhaltens von Mann und Frau vor 2000 Jahren
- Jeder Schüler schreibt aus der Perspektive Martas oder Marias einen Brief an eine Freundin bzw. einen Freund über den Besuch Jesu.

2.15 Zuversicht für das Leben

Mosaiksteine, 26

Jer 17,7–8 vergleicht den Menschen mit einem Baum. Zur Erschließung des Textes kann folgendermaßen vorgegangen werden:

Methodische Möglichkeiten:
In Partnerarbeit erschließen die Schüler/innen den Bibeltext:

- Erster Eindruck: Was stört mich, was gefällt mir am Text?
- Erarbeitung von Statements zum Text mit Begründung.
- Suchen von Festen, bei denen der Baum eine Rolle spielt. (Maibaum, Weihnachtsbaum), Begründung der zentralen Rolle des Baumes. Im Klassengespräch werden die einzelnen Gedanken diskutiert.

Aktion

Die Schüler/innen bekommen den Auftrag, einen Baum auf ein Blatt zu malen. Wenn sie fertig sind, sehen sie sich ihre eigenen Bilder in Ruhe an:

Was habe ich gemalt? Ist mein Baum rund oder spitz? Wie sieht der Stamm aus (dick, dünn, lang, kurz)? Habe ich einzelne Äste und Zweige gemalt? Hat mein Baum Blätter, Blüten, Früchte? Sind die Wurzeln zu sehen? Ein paar Überlegungen schreiben sie unter ihr Bild: Wenn ich dieser Baum bin, dann wird deutlich ...
Anschließend stellen sie sich mit ihren Baumbildern vor: (Das ist mein Baum. **Er** ... Das könnte bedeuten... **Ich** frage mich ...)
aus: Almut Löbbecke (Hrsg.): Fundgrube Ethik/Religion. Cornelsen Verlag Scriptor, Berlin 1999, S. 77

M 20 Der Baum des Lebens
Der Text leitet zum Baumsymbol in der Religion über.

M 21 Der Baum des Lebens
Die Schülerinnen und Schüler vergleichen den Text mit Jer 17,7–8 und suchen die Gemeinsamkeiten. Anschließend wird das Arbeitsblatt farblich gestaltet.

Mosaiksteine, 26 *Methodische Möglichkeiten:*
Die Schüler/innen werden aufgefordert, die Jahresringe in ihr Heft zu zeichnen und in die Zwischenräume ihre bisherigen Lebensabschnitte einzutragen.

M 22 Gelegentlich, vor allem in der Bretagne, wird das Kreuz als Symbol des Lebens dargestellt. Die Schüler/innen nennen als Abschluss zur Unterrichtseinheit ihre Assoziationen und schreiben diese mit einem Farbstift um das Kreuz.

Erwachsenwerden
Pubertät

- Erfahrungen
- mehr Freiheiten und Pflichten
- selbstständiger werden
- zuverlässiger werden
- Probleme mit Eltern
- reifer, vernünftiger werden
- weniger Freizeit
- Aufgaben übernehmen
-
-
-

- Träume
- Kinderwunsch
-
-
-

- Erste Liebe
- Jungs/Mädchen
- erste sexuelle Erfahrungen
- Partys
- Disco
- Spaß haben wollen
-
-
-

- Schule
- Konflikte
- Drogen
- Stress
- Freunde
-
-
-

- am Anfang zickig
- äußerliche Veränderungen
- Kennenlernen des Körpers
-
-
-

- nicht mehr kindisch benehmen
- man durchlebt eine wichtige Phase
-
-
-

M 2

Wann ist die Pubertät überstanden?

Ich bin wohl voll in der Pubertät! Ich fühle mich schon lange total abgeschlafft. Mal habe ich gute Laune und im nächsten Moment bin ich absolut mies drauf. Wann komme ich aus der Pubertät raus? Ich freue mich schon, wenn ich es überstanden habe.
Petra, 14

Antwortbrief der Redaktion:

Liebe Petra,
kann es sein, dass dir deine liebende Mama die Pubertät als Trostpflaster für deine schlechte Laune angeboten hat? Ich möchte dich ermutigen, deine Pubertät zu genießen. Pubertät ist keine schlimme Krankheit! Pubertät sind höchst spannende und aufregende Jahre, in denen du im Niemandsland zwischen Kindsein und Erwachsenwerden herumpirschst und jeden Tag so viel Neues erlebst, dass du davon oft ganz erschlagen bist. Klar fährt man da stimmungsmäßig oft Achterbahn. Allein schon deshalb, weil die Hormone, die für die Entwicklung sorgen, total in Aufruhr sind. Wobei Stimmungsschwankungen in jedem Lebensalter zum Menschsein dazugehören. Frag mal deine Mama, sie kennt sicher auch minutenlanges Glücksgefühl, das ohne Anlass in den Keller geht. Also freue dich auf deine Ups und Downs. Und wenn das Tief zu lange anhält, dann habe ich einen super Tipp für dich: Sport! Jede Art von Bewegung aktiviert die Glückshormone.

M 3

Wir bestehen unsere Zukunft nur
mit dem Blick nach vorn,
das ist gewiss.
Aber wir begreifen,
was uns widerfährt,
nur,
wenn wir lange und aufmerksam
in die Vergangenheit gesehen haben,
aus der wir kommen.

Jörg Zink

M 4

Rückblick

Geburt
Tag: ______________________________

Uhrzeit: ______________________________

Ort: ______________________________

Taufe
Tag: ______________________________

Ort: ______________________________

Paten: ______________________________

Erster Schultag
Tag: ______________________________

Schule: ______________________________

Klasse: ______________________________

Schulwechsel
Tag: ______________________________

Schule: ______________________________

Klasse: ______________________________

Kommende Ereignisse

____

____

____

M 5

Jugendschutz in der Öffentlichkeit

Gaststätten

(1) Der Aufenthalt in Gaststätten darf Kindern und Jugendlichen unter 16 Jahren nur gestattet werden, wenn eine personensorgeberechtigte oder erziehungsbeauftragte Person sie begleitet oder wenn sie in der Zeit zwischen 5 Uhr und 23 Uhr eine Mahlzeit oder ein Getränk einnehmen. Jugendlichen ab 16 Jahren darf der Aufenthalt in Gaststätten ohne Begleitung einer personensorgeberechtigten oder erziehungsbeauftragten Person in der Zeit von 24 Uhr und 5 Uhr morgens nicht gestattet werden.

(2) Absatz 1 gilt nicht, wenn Kinder oder Jugendliche an einer Veranstaltung eines anerkannten Trägers der Jugendhilfe teilnehmen oder sich auf Reisen befinden.

(3) Der Aufenthalt in Gaststätten, die als Nachtbar oder Nachtclub geführt werden, und in vergleichbaren Vergnügungsbetrieben darf Kindern und Jugendlichen nicht gestattet werden.

(4) Die zuständige Behörde kann Ausnahmen von Absatz 1 genehmigen.

Tanzveranstaltungen

(1) Die Anwesenheit bei öffentlichen Tanzveranstaltungen ohne Begleitung einer personensorgeberechtigten oder erziehungsbeauftragten Person darf Kindern und Jugendlichen unter 16 Jahren nicht und Jugendlichen ab 16 Jahren längstens bis 24 Uhr gestattet werden.

(2) Abweichend von Absatz 1 darf die Anwesenheit Kindern bis 22 Uhr und Jugendlichen unter 16 Jahren bis 24 Uhr gestattet werden, wenn die Tanzveranstaltung von einem anerkannten Träger der Jugendhilfe durchgeführt wird oder der künstlerischen Betätigung oder der Brauchtumspflege dient.

(3) Die zuständige Behörde kann Ausnahmen genehmigen.

Alkoholische Getränke

(1) In Gaststätten, Verkaufsstellen oder sonst in der Öffentlichkeit dürfen

1. Branntwein, branntweinhaltige Getränke oder Lebensmittel, die Branntwein in nicht nur geringfügiger Menge enthalten, an Kinder und Jugendliche,

2. andere alkoholische Getränke an Kinder und Jugendliche unter 16 Jahren weder abgegeben noch darf ihnen der Verzehr gestattet werden.

(2) Absatz 1 Nr. 2 gilt nicht, wenn Jugendliche von einer personensorgeberechtigten Person begleitet werden.

(3) In der Öffentlichkeit dürfen alkoholische Getränke nicht in Automaten angeboten werden. Dies gilt nicht, wenn ein Automat

1. an einem für Kinder und Jugendliche unzugänglichen Ort aufgestellt ist oder

2. in einem gewerblich genutzten Raum aufgestellt und durch technische Vorrichtungen oder durch ständige Aufsicht sichergestellt ist, dass Kinder und Jugendliche alkoholische Getränke nicht entnehmen können.

§ 20 Nr. 1 des Gaststättengesetzes bleibt unberührt.

Rauchen in der Öffentlichkeit, Tabakwaren

(1) In Gaststätten, Verkaufsstellen oder sonst in der Öffentlichkeit dürfen Tabakwaren an Kinder oder Jugendliche unter 16 Jahren weder abgegeben noch darf ihnen das Rauchen gestattet weren.

(2) In der Öffentlichkeit dürfen Tabakwaren nicht in Automaten angeboten werden. Dies gilt nicht, wenn ein Automat

1. an einem Kindern und Jugendlichen unter 16 Jahren unzugänglichen Ort aufgestellt ist oder

2. durch technische Vorrichtungen oder durch ständige Aufsicht sichergestellt ist, dass Kinder und Jugendliche unter 16 Jahren Tabakwaren nicht entnehmen können.

Weitere Informationen unter http://www.artikel5.de/gesetze/juschg.html

M 6

My own song

ich will nicht sein
so wie ihr mich wollt
ich will nicht ihr sein
so wie ihr mich wollt
ich will nicht sein wie ihr
so wie ihr mich wollt
ich will nicht sein wie ihr
seid
so wie ihr mich wollt
ich will nicht sein wie ihr
sein wollt
so wie ihr mich wollt

nicht wie ihr mich wollt
wie ich sein will will ich sein
nicht wie ihr mich wollt
wie ich bin will ich sein
nicht wie ihr mich wollt
wie *ich* will ich sein
nicht wie ihr mich wollt
ich will *ich* sein
nicht wie ihr mich wollt will
ich sein
ich will *sein*.

Ernst Jandl

M 7

Oskar Schlemmer, Figur und Raumlineatur. 1924

M 8

Hauptsache Geschenke?

Was denkst du über die Überschrift?

____

____

Evangelische Jugendliche feiern im Alter von ca. 14 Jahren das Fest der Konfirmation. Vorher haben sie einen längeren Konfirmandenunterricht besucht.
Unter dem Stichwort »Lebensberatung« stand folgender Brief in einer evangelischen Zeitung:

> Liebe Frau Lehnert!
> Ihre Bilder zu Glaubens- und Lebensfragen sind eindringlich für mich. Hätten Sie ein Bild für mein Problem? Mein liebenswerter, etwas unsteter Enkel wird im Mai konfirmiert. Wie schon zur Taufe im Advent 2002 wünscht er sich Geld für einen Roller (einschließlich Führerschein etc.). Sein Vater (mein Sohn, geschieden) freut sich über die Zielstrebigkeit seines Sohnes für überhaupt etwas. Mir gibt die Reihenfolge zu denken! Eine Entscheidung zur Taufe und Konfirmation meines Enkels scheint für mich unter dem Geschenke-Aspekt getroffen worden zu sein. Wie komme ich mit ihm darüber ins Gespräch, ohne ihn zu verprellen?
>
> aus: Der Weg, Nr. 16, 13.4.2003. Medienverband der Evangelischen Kirche im Rheinland GmbH, Düsseldorf

Wie könnte die Großmutter mit dem Enkel ins Gespräch kommen?

____

____

____

____

Wie könnte das Gespräch verlaufen?

____

____

____

Nimm zum Problem Stellung und begründe deine Meinung!

____

____

M 9

Antwort der Lebensberaterin:

Es war einmal ein junger Hirsch. Seine Eltern hatten sich getrennt, sein »Nest« war defekt. Er war traurig, aber seine jugendliche Lebensfreude gewann die Oberhand. Er wollte Freiheit, Bestätigung bei Gleichaltrigen, Selbstwertgefühl, Erwachsenwerden und Unabhängigkeit von den (scheinbar unzuverlässigen) Erwachsenen (dafür steht symbolisch der Roller). Er sprang über Stock und Stein. Sein Vater freute sich, dass der junge Hirsch nicht in Melancholie verfiel, sondern nach vorne »durchstartete.« Die alte Hirschkuh jedoch machte sich Sorgen. Bestand der Sinn des Daseins doch wohl kaum im Herumspringen und Durchstarten. Aber sie war klug. Sie sah die Aktivität des Jungen im richtigen Licht. Jetzt war Herumspringen wichtig. Sie suchte aber immer wieder das Gespräch mit dem Enkel. Sie beantwortete ihm Fragen, die er jetzt noch gar nicht zu haben schien. Er liebte sie jedoch und hörte ihr aufmerksam zu. Vielleicht erschien sie ihm, dem Teeny, ja ein wenig »tüddelig«, aber, na ja, er spürte, dass sie es gut mit ihm meinte.
Die Jahre vergingen. Der junge Hirsch war nicht mehr ganz so jung, er hatte sich auch schon »die Hörner abgestoßen« und einige Blessuren davongetragen. Das Herumspringen erschien ihm nicht mehr als Lebensinhalt. Fragen über Fragen kamen ihm in den Sinn. [...] Wie gerne hätte er jetzt mit seiner Großmutter gesprochen. Leider war sie längst nicht mehr da. Aber der Samen, den sie gesät hatte, begann jetzt aufzugehen. Er überlebte die Wünsche seiner Jugend. Jetzt war seine Zeit.

aus: Der Weg, Nr. 16, 13.4.2003. Medienverband der Evangelischen Kirche im Rheinland GmbH, Düsseldorf

Welchen Rat gibt die Lebensberaterin der Großmutter?

____

____

Was hat der Rat mit der Konfirmation zu tun?

____

____

Welche Fragen stellt sich der »ältere« Hirsch?

____

____

Welche Rolle spielt die Großmutter im Leben des Jungen?

____

____

Lies Lukas 8, 4–15 und Galater 6,7. Welchen Bezug zur Konfirmation kannst du erkennen?

____

____

M 10

Gedanken eines Konfirmanden

Immer wieder kommt Neues auf uns zu:
Schönes und Interessantes,
Verlockendes und Gefährliches,
Dunkelheit und Licht;
und Vieles verstehen wir nicht.

Wir machen uns schöne Hoffnungen,
aber manchmal graut uns auch vor dem,
was kommt.
Dann ist es gut, wenn einer zu uns sagt:

Sei getrost und fürchte dich nicht,
geh deinen Weg mit Gott.

Aus: Evangelisches Gesangbuch. Ausgabe für die Evangelisch-Lutherischen Kirchen in Bayern und Thüringen, S. 1401

Ernst Hanel, Bergisch Gladbach

M 12

Das Pfeifkonzert

In dieser Schulklasse gibt Alexander den Ton an. Was er will, das wird getan. Alle gehorchen ihm, weil er so gut befehlen kann.
Alexander hat eine Trillerpfeife. Ein Pfiff – und alle rennen.
Alexander hat Hunger. Jeder ist stolz, wenn sein Butterbrot ihm schmeckt. Alexander will keine Rechenaufgaben machen. Alle wollen ihm ihr Heft zum Abschreiben geben. Alexander bestimmt, was gespielt wird. Keiner wagt, dagegen zu sein.
Das nennt Alexander »Kameradschaft.« Und alle finden Alexander gut.
Nun ist ein neues Mädchen in die Klasse gekommen. Senta heißt es.
Alexander will Senta gleich am ersten Tag zeigen, wer hier etwas zu sagen hat. Wenn Senta auf den Hof kommt, sollen alle wie Hunde bellen. Denn »Senta« ist ja auch ein Hundename.
Senta lacht nur über das Gebell. Dass über ihren Namen Witze gemacht werden, daran ist sie gewöhnt. So war es auch in der anderen Schule.
Aber nun will Alexander, dass auch Senta bellen soll, sie allein. Und das tut Senta nicht. Sie gehorcht ihm nicht.
Ein anderer Junge muss Senta im Genick packen und sie ducken. Der Junge ist stärker als Senta. Aber sie bellt nicht für Alexander. Der ist wütend. Keiner soll jetzt mit Senta sprechen, bis sie brav gebellt hat. Am nächsten Tag hat auch Senta eine Trillerpfeife. Sie pfeift – und die anderen rennen zu ihr.
Senta lacht, weil das so gut funktioniert. Sie möchte sich gern mit den anderen unterhalten. Sie hat Bonbons mitgebracht, die bietet sie den Kindern an.
Aber schon pfeift Alexander die anderen zurück. Sofort soll Senta ihre Pfeife hergeben! Sie tut das. Alle zusammen sind ja stärker als sie.
Sofort sollen die Kinder Sentas Bonbons ausspucken! Sie tun das, denn Alexander hat es befohlen.
Und jetzt soll Senta bellen.
Aber das tut sie nicht. Alexander soll sie ruhig wieder ducken lassen. Sie wird nicht bellen.
Senta faltet jetzt einen Flieger aus Papier und kümmert sich nicht mehr um die anderen.
Einige hätten auch Lust, einen Flieger aus Papier zu falten. Aber Alexander findet das kindisch und blöd. Darum finden sofort auch die anderen das Fliegerfalten kindisch und blöd.
Am dritten Tag wissen die Kinder nicht, was sie tun sollen, weil Alexander nicht da ist.
Da pfeift es, gleichzeitig von links und rechts. Die einen rennen nach links – da hat Senta gepfiffen. Die anderen rennen nach rechts – da hat Alexander gepfiffen.
Senta hat heute keine Bonbons. Sie hat etwas Besseres mitgebracht, aber das kann sie den Kindern nicht geben, weil sie schnell zu Alexander rennen müssen.
Heute gibt es bei Alexander Bonbons. Aber alle, die bei Senta waren, bekommen keins. Jetzt sollen sie zusehen, wie die anderen ihnen etwas vorlutschen.
Will Senta heute bellen? Dann bekommt sie vielleicht auch ein Bonbon von Alexander.
Senta hat es sich überlegt. Sie möchte nicht immer auf dem Schulhof allein sein, also wird sie bellen. Aber richtiges Hundegebell ist schwierig nachzuahmen. Kann Alexander ihr das nicht erst einmal vormachen? Oder kann er das nicht?
Natürlich kann er das! Alexander macht Senta vor, wie sie bellen soll. Und jetzt Senta!
Aber Senta findet Alexanders Gebell zu schön. So echt kann sie das bestimmt nicht. Jedenfalls muss sie das noch üben. Senta geht weg, und zum ersten Mal lachen die Kinder über Alexander.

Der verbietet den Kindern zu lachen, und sofort sind sie wieder still.
Nun soll Senta für ihre Frechheit bestraft werden.
Alexander schickt fünf Kinder hinter Senta her. Die sollen sie kneifen und schlagen, aber unauffällig, damit kein Lehrer etwas merkt. Die Kinder tun das nicht gern. Aber Alexander hat es ja befohlen. Sie flüstern Senta zu, dass sie ihr nicht richtig wehtun wollen. Senta steckt ihnen heimlich etwas in die Hand. Gleich darauf pfeift es von allen Seiten.
Die Kinder rennen wie immer, wenn es pfeift. Dann merken sie etwas. Sie lachen, sie pfeifen jetzt alle. Wer keine Trillerpfeife hat, der pfeift auf den Fingern oder mit den Lippen. Auch Alexander pfeift. Aber zu ihm rennt keiner mehr. Pfeifen können alle!

Ursula Wölfel

aus: Ursula Wölfel, Du wärst der Pienek. Beltz & Gelberg, Beltz Verlag, Weinheim und Basel

M 13

M 14

Gott schaut dich, wer immer du seist,
so, wie du bist,
persönlich.

»Er ruft dich bei deinem Namen«.
Er sieht dich und versteht dich,
wie er dich schuf.

Er weiß, was in dir ist,
all dein Fühlen und Denken,
deine Anlagen und deine Wünsche,
deine Stärke und deine Schwäche.

Er sieht dich an deinem Tag der Freude
und an deinem Tag der Trauer.
Er fühlt mit deinen Hoffnungen und Prüfungen.
Er nimmt Anteil an deinen Ängsten und Erinnerungen,
an allem Aufstieg und Abfall deines Geistes.

Er umfängt dich rings
und trägt dich in seinen Armen.
Er liest in deinen Zügen,
ob sie lächeln oder Tränen tragen,
ob sie blühen an Gesundheit oder welken in Krankheit.
Er schaut zärtlich auf deine Hände und deine Füße.

Er horcht auf deine Stimme,
das Klopfen deines Herzens,
selbst auf deinen Atem.
Du liebst dich nicht mehr, als er dich liebt.

John Henry Newman

M 15

Talente, Talente ...

Yvonne fährt hervorragend In-line-Skates. Sie ist 13 Jahre alt und hat schon mehrere Wettbewerbe in der Halfpipe gewonnen. Wenn sie einmal fehlt, merkt das jeder auf dem Übungsplatz, wo sich die Skater allabendlich treffen und trainieren. Yvonne ist dort sehr beliebt, sie ist temperamentvoll und eigenwillig.
Obwohl die »Profis« hier gerne unter sich bleiben, bringt Yvonne eines Abends eine ganze Gruppe von Mitschülerinnen und Mitschülern aus ihrer Klasse mit. »Wenn ihr wollt, zeige ich euch ab jetzt hier jeden Montagabend, wie man richtig skatet und bringe euch einige akrobatische Skating-Kunststücke bei!«, ruft sie ihnen zu.
Die anderen trauen ihren Ohren kaum. Missmutig blicken sie herüber. Yvonne sieht ihre Blicke und überlegt, ob sie ihre Freunde um Verständnis bitten soll. Doch dann wirft sie trotzig den Kopf zurück. Sie hat sich so darauf gefreut, ihre Kenntnisse und ihr Können auch einmal an andere weitergeben zu können.

Kilian wiederholt die 7. Klasse und gehört wieder zu den schlechteren Schülern seines Jahrgangs. Ständig ist er missmutig und abweisend gegenüber seinen Klassenkameraden. Er will Landschaftspfleger werden, weil er für die gelungene Gestaltung eines Gartens einen guten Blick hat und ihm der Umgang mit Bäumen und Pflanzen viel Freude macht. Lediglich der Gedanke an die viele und harte Arbeit in diesem Beruf macht ihm Sorge. Er ist eher bequem.
Als eines Tages seine Klasse zusammen mit dem Biologielehrer einen Teich für Wasserpflanzen im Schulgarten plant, bitten ihn alle dringend, ihnen dabei doch zu helfen. Kilian sagt: »Was geht mich euer Teich an? Ich hab' keinen Bock!«

Johanna ist sehr hilfsbereit und kann schlecht »nein« sagen. Ihre Eltern freuen sich sehr darüber und unterstützen sie in ihrem Verhalten. Neben der Schule, wo sie die 7. Klasse besucht, geht sie zweimal die Woche einer älteren Frau in der Nachbarschaft ein wenig zur Hand, gibt sie einem kleinen Jungen kostenlos Nachhilfe und leitet eine Jugendgruppe in der Gemeinde. Plötzlich wird sie in der Schule immer schlechter.

aus: Entdecken/Gestalten 7, S. 170. Claudius Verlag, München

M 16

Pressefoto Rauchensteiner, München

Weltmeisterin im 800-m-Rollstuhlfahren von 1990

M 17

»Wenn ich blind wäre ...«

»Wenn ich blind wäre wie Sie – ich glaube, ich hätte nicht die mindeste Lust mehr zu leben!« Sätze wie diesen, ausgesprochen von einem Münchner Taxifahrer, hört August R. etwa alle zwei Wochen. »Durch meine Blindheit fühlen sich die Leute in ihrer Direktheit offenbar ermutigt. Sollten wir uns einmal wiedertreffen, bleiben sie meist anonym. Die Chance, dass ich mich an ihre Stimme erinnere, ist gering.«

August R. hat mit seiner Blindheit leben gelernt. Er weiß, es gibt schlimmere Probleme. Dass seine Mitmenschen anderer Meinung sind, erlebt er nicht nur im Taxi. Vor der Geburt seiner Töchter haben ihm die Mitarbeiter einer Beratungsstelle dringend von Nachwuchs abgeraten. »Sehende haben oft große Angst vor Blindheit«, hat er festgestellt. »Die Wissenschaftler würden Leute wie mich am liebsten abschaffen. Auf der Welt muss alles perfekt sein, nämlich gesund und schön.« August R. hat sich zur Aufgabe gemacht, hier deutlich Gegenposition zu beziehen.

Jutta Dyhr,

M 18

Verkehrte Welt

Montagmorgen, 7.30 Uhr: Familie Meier sitzt gemeinsam am Frühstückstisch. Nur Herr Meier läuft ein wenig hektisch zwischen Küche und Esszimmer hin und her, um seine Lieben zu versorgen. Er hat das Frühstück vorbereitet. Das geht schneller – zumal morgens alle in Eile sind.

Seine Frau hat sich stumm hinter ihre Zeitung zurückgezogen. Sie möchte nicht gestört werden, weil ihr diese zehn Minuten am Morgen heilig sind und sie sich schließlich auf den Stress im Büro einstellen muss.

Die Kinder Marion und Rolf sind noch etwas müde. Rolf, vierzehn Jahre alt, mault, weil ihm sein Vater so viel Marmelade auf sein Brötchen gestrichen hat: »Du weißt doch genau, dass ich auf Diät bin, ich bin einfach zu dick. Da darf ich doch nichts Süßes essen!«

Der Vater ist keineswegs der Meinung, dass Rolf zu dick ist: »Stell dich nicht so an! Immer dieses Theater ums Essen.«

Jetzt ist Rolf beleidigt: »Dabei habe ich dir schon hundert Mal gesagt, dass ich von der Marmelade Pickel kriege. Aber das interessiert dich ja nicht! Ich hätte lieber Magerquark.«

Die dreizehnjährige Marion hat das Hin und Her aufmerksam beobachtet. Abfällig gibt sie ihren Kommentar dazu: »Pah – Jungenskram! Ist doch immer dasselbe. Könnte mir nicht passieren!« Das lässt ihr Bruder natürlich nicht auf sich sitzen: »Du hast doch bloß deinen blöden Fußball im Kopf!«

Nun reicht es Frau Meier: »Kann ich denn nicht mal beim Frühstück Ruhe haben? Ihr wisst doch genau, dass ich nur morgens dazu komme, meine Zeitung zu lesen. Schließlich habe ich einen anstrengenden Arbeitstag vor mir.«

Herr Meier versucht, die Wogen zu glätten. Aber da ergreift Marion die Gelegenheit beim Schopf: »Apropos Fußball – ich brauche dringend neue Fußballschuhe. Die alten sind hinüber, wie sieht's aus, Mama?«

»Ja natürlich – ohne Schuhe kann schließlich kein Profi aus dir werden«, bemerkt Frau Meier über den Zeitungsrand hinweg.

Das lässt sich Rolf nun wieder nicht entgehen: »Und ich? Wo bleibe ich? Ich habe überhaupt nichts mehr anzuziehen! Ich brauche dringend neue Klamotten. Mein Balletttrikot hat Papa beim Waschen völlig verfärbt. Damit kann ich mich nirgendwo mehr sehen lassen.«

Frau Meier sieht auf ihre Armbanduhr und meint nur: »Vielleicht können wir das heute Abend klären? Ich muss jetzt los. Also bis später!«

Sie zieht ihre Jacke an, greift nach dem Aktenkoffer, küsst im Hinausgehen ihren Mann und schon ist sie aus dem Haus. Auch die Kinder müssen sich beeilen, wenn sie pünktlich in der Schule sein wollen.

Rasch räumt Herr Meier noch die Küche auf, bevor auch er das Haus in Richtung Büro verlässt.

aus: Dr. A. Kitsche/Prof. Dr. H. Markmann (Hrsg.), Männer und Frauen sind gleichberechtigt. Bonn, 1997

M 19

Lukas 10,38–42

Als Jesus mit seinen Anhängern umherwanderte, kam er in ein Dorf. Eine Frau namens Marta nahm ihn in ihr Haus auf. Ihre Schwester Maria setzte sich zu seinen Füßen und hörte ihm zu. Marta dagegen machte sich viel Arbeit mit der Bedienung. Nach einiger Zeit kam sie und sagte: »Herr, stört es dich nicht, dass mich die Schwester allein bedienen lässt? Sag ihr doch, sie soll mir helfen.«
Doch der Herr gab ihr zur Antwort: »Marta, Marta, du sorgst und kümmerst dich um viel. Dabei kommt es nur auf wenig an. Maria hat den guten Teil gewählt, den kann man ihr nicht nehmen.«

- Schreibe aus der Perspektive Martas oder Marias einen Brief an eine(n) Freund(in) über den Besuch Jesu!

Liebe(r) ....,

....

....

....

....

....

....

....

....

....

....

....

M 20

Der Baum des Lebens

Im Frühling zähl' ich ruhelos die Tage
und spüre, wie das Leben neu in mir erwacht,
bin stolz, wenn ich die ersten Blüten trage,
die bald darauf die Sonne zu reifen Früchten macht.
Im Sommer fange ich die Sonnenstrahlen,
und neben mir legt mancher seinen müden
Kopf zur Ruh'
wenn meine Blätter Schattenbilder malen,
dann singen sie im Wind, und ich hör' ihren Liedern zu.

Ich geb' den Vögeln ihr Zuhaus,
die Bienen fliegen ein und aus,
wer zu mir kommt, macht seine Reise
nicht vergebens.
Ich brauch' die Erde, Luft und Licht,
und bis mein letzter Zweig zerbricht,
bin ich für alle der Baum des Lebens,
bin ich für alle der Baum des Lebens.

Im Herbst lass' ich mich von den Stürmen biegen
und schenke dieser Welt die allerschönste
Farbenpracht,
seh' meine Blätter hoch im Winde fliegen
und weiß, dass ihre Freude den Abschied
leichter macht.
Im Winter trag ich Schnee auf meinen Zweigen
und spür' die Ewigkeit in manchem stillen
Augenblick.
Ich sammle neue Kraft in meinem Schweigen
und gebe sie bald wieder tausendfach zurück.

Ich geb' den Vögeln ihr Zuhaus,
die Bienen fliegen ein und aus,
wer zu mir kommt, macht seine Reise nicht vergebens.
Ich brauch' die Erde, Luft und Licht
Und bis mein letzter Zweig zerbricht,
bin ich für alle der Baum des Lebens,
bin ich für alle der Baum des Lebens.

- Kennst du weitere Symbole für das Leben?

M 21

Der Baum spürt den Winter,

lässt seine Blätter los,
zieht seine Kraft zurück in die Wurzeln
ins Erdreich-Dunkel.
So fürchte nun nicht das Dunkel:
Es hält dich,
es trägt dich,
es gibt deinen Wurzeln Kraft,
die kennen den Weg.
Vertrau dich an
Und erwarte mit ihnen
den neuen Frühling.

Brigitte Enzner-Probst

Aus: Brigitte Enzner-Probst, Heimkommen.
Claudius Verlag, München

M 22

Holzschnitt um 1485 »Holz des Lebens«

2. Kapitel

Begeisterung steckt an: das Evangelium bezeugen

I. Über die Geburt der Kirche und das Wirken des Heiligen Geistes

1. Vorüberlegungen

Die meisten Jugendlichen hinterfragen grundsätzlich bestehende Ordnungen oder stellen sie sogar völlig in Frage. Ihr Forscherdrang und ihr Streben nach Authentizität bringt viele Siebtklässler dazu, nach klaren Begründungen für die Werte und Normen zu suchen, die man ihnen vermittelt hat. Aber gerade ihre Suche nach Erklärungen macht das Thema dieses Kapitels für die Schüler/innen besonders interessant, denn es kann ihnen vermitteln, dass es schon immer Menschen gab, die auf der Suche waren, aber auch Menschen, die für sich das Richtige gefunden haben.

2. Anmerkungen zu den Materialien & Fundgrube für den Unterricht

2.1 Eröffnungsseiten

Mosaiksteine, 28 f

Der Text aus Lateinamerika und das Bild, das die Ausgießung und das Wirken des Heiligen Geistes zeigt, sollen zum Nachdenken über folgende Aspekte anregen:

Wie kann man das Evangelium bezeugen?
Wo kann man dem Evangelium begegnen?
Wer ist der Mittler der frohen Botschaft?
Wie wirkt sich die Begeisterung für die frohe Botschaft aus?

Methodische Möglichkeiten:
Die Schüler/innen gestalten eine beschriftete Collage mit Bildern, die zu dem Text aus Lateinamerika passen. Als Bildüberschrift wählen sie zwischen »Unterwegs zu dir« oder »Wenn wir Gottesdienst feiern«. Anschließend kann ein gelenktes Gespräch die Schüler/innen zu der Erkenntnis leiten, dass Gott zu uns unterwegs ist, wenn wir uns auf den Weg zu ihm machen.

Das Bild S. 29 kann einen Rückblick auf den Stoff der 6. Jahrgangsstufe in Gang bringen (s. Mosaiksteine 6, S. 131). Die Schüler finden heraus, dass darauf die 7 Werke der Barmherzigkeit dargestellt sind und erkennen, wie die durch die Ausgießung des Heiligen Geistes in Gang gesetzte Zeugenschaft der Christen konkret aussehen kann.

Werner Juza (geb. 1924 in Wachau bei Dresden), Maler und Grafiker. Juza wurde bekannt durch eine Reihe von Arbeiten für kirchliche Räume in der damaligen DDR, z. B. durch sein großformatiges Wandgemälde in der Dresdner Dreikönigskirche.

2.2 Durch das Meer der Zeit

Mosaiksteine, 30 Ein Schiff, das sich Gemeinde nennt

Mögliche Erschließungsaufgaben:
- Die Schüler/innen lesen zunächst den Text und versuchen die Bedeutung der einzelnen Strophen zu erschließen und jede Strophe mit eigenen Worten wiederzugeben.
- Sie gestalten ein Schiff mit den verschiedenen in den Strophen dargestellten Merkmalen.
- Anschließendes Singen des Liedes.

2.3 Die Anfänge der Kirche

Mosaiksteine, 31 Der Infotext beschreibt kurz die christliche Trinitätslehre. Danach werden knapp die Entwicklungen nach der Hinrichtung und Auferstehung Jesu wiedergegeben.
Die Bibelstelle Apg 1,8 enthält den Auftrag Jesu und das Bild veranschaulicht, wie dieser Auftrag heute noch umgesetzt wird.

Mögliche Erschließungsaufgaben:
- Die Schüler/innen suchen in den Evangelien die Textstellen, aus denen hervorgeht, was damals nach der Hinrichtung Jesu geschah.
- Sie überlegen sich ausgehend von der Aussage in Apg 1,8 fünf verschiedene Möglichkeiten, wie Christen heute noch zu Zeugen ihres Glaubens werden können.

2.4 Das Pfingstwunder

Mosaiksteine, 32 Anhand des fiktiven Erlebnisberichtes erfahren Schüler/innen, wie die Jünger Jesu das Pfingstwunder erlebt haben könnten.

Mosaiksteine, 33 »Labyrinth und Rose« von Sieger Köder
Der katholische Priester und Maler *Sieger Köder* (geb. 1925 in Aalen, Württemberg) gehört zu den bekanntesten zeitgenössischen »religiösen« Malern in Deutschland. In seinem Werk gestaltet er vor allem Bilder, die die Botschaft der Bibel in eindrucksvolle, farbkräftige Gemälde umsetzen.

Zur Deutung des Bildes:
Das Labyrinth steht als Symbol für die Irrungen und Wirrungen des Lebens. »Doch in unserem Leben«, sagt Köder, »gibt es etwas, das darüber hinaus strebt.« Dafür stehen symbolisch die Rosen. »Und hinter den Rosen dieser Welt gibt es noch einmal eine Rose, die Rose der Ewigkeit.« 12 Rosen gehen über in die leuchtende Rosette eines Kirchenfensters, die auf eine hintergründige Wirklichkeit weist. Das Bild ist nicht explizit ein Pfingstbild. Es arbeitet nicht mit der dafür traditionellen Symbolik. Aber es lässt sich doch auch deuten auf die Gegenwart des Gottesgeistes, der in diese Welt einbricht und dem ins Dunkel verschwindenden Labyrinth eine orientierende Mitte gibt.

Mosaiksteine, 34 Anderer Glaube – andere Sitten. Mit dem Zeitungsbericht werden die Schüler/innen direkt in die damalige Zeit versetzt und erkennen, dass der christliche Glaube nichts Selbstverständliches, nichts Alltägliches war, sondern aus der Sicht der nichtchristlichen Umgebung eher außergewöhnlich und befremdend. Historisch ist die Taufe im frühen Christentum ohne Zweifel eine Taufe zur Vergebung der Sünden und der Erlangung des Geistes, so z. B. Apg 2,38; 22, 16; vgl. 1 Kor 6,11, Röm 6. Heute treten andere Aspekte im Taufverständnis in den Vordergrund, z.B. der Gedanke der Annahme des Menschen durch Gott. Dies wird im Abschnitt zur Konfirmation (Mosaiksteine 7, S. 14) herausgestellt; vgl. EG Nr. 807.

Mögliche Erschließungsaufgaben:
- Mit eigenen Worten beschreiben, was die einzelnen Personen, die im Zeitungsbericht erwähnt werden, denken und fühlen.
- Weitere Schlagzeilen für den Zeitungsartikel formulieren.

2.5 Bis ans Ende der Erde

Mosaiksteine, 35 Anhand des Textes erhalten die Schüler/innen sowohl Informationen über die Lebensverhältnisse der damaligen Zeit, als auch über die rasante Ausbreitung des Christentums in den ersten Jahrhunderten.
Das Bild zeigt eine Römerstraße und veranschaulicht, dass dem Christentum offenbar alle Wege offen standen, da das römische Reich über sehr gute Verkehrsverbindungen verfügte.

M 1 Karte: Ausbreitung des Christentums bis 325 n. Chr.

M 2 Brief von Deborah an Shoshannah

Methodische Möglichkeiten:
- Die Schüler/innen verfassen einen fiktiven Brief, in dem sie als Zeitgenossen einem/r Bekannten schreiben, was die ersten Christen an der neuen Religion so faszinierte.
- Sie lesen in Apg 2,42–47; 5,1ff nach, was der Evangelist Lukas über die ersten Christen sagt.
- Sie informieren sich über Frauen in den urchristlichen Gemeinden in Apg 9,36; 12,12; 16,14f; 18,1-3; Röm 16,1-4,6,12; 1.Kor 1,11; Phil 4,2–4. Dabei erkennen sie, dass Frauen in den ersten Gemeinden eine ganz wichtige Rolle spielten und einen, später aus dem Blick geratenen, bedeutenden Beitrag zur Entstehung und Entwicklung der christlichen Kirche leisteten.

1. Vorüberlegungen

Im zweiten Teil dieses Kapitels erfahren die Schüler/innen, dass es nicht immer leicht ist, für seine Überzeugung einzustehen und dass man auf Widerstand stoßen kann, wenn man an seinen Überzeugungen festhält. Gerade in unserer Zeit ist es für Jugendliche schwieriger geworden, ihr Christsein zu leben, ohne auf Kritik seitens ihrer Freunde zu stoßen. Dennoch gilt es gerade in diesem Alter bei der Konfirmation eine Entscheidung zu treffen, die die 12/13-Jährigen auch vor ihren Kameraden bejahen können.
Nach Piaget sind Trägheit und Lügen für Jugendliche dieser Altersstufe Verhaltensweisen, die sie stark ablehnen. Das Beispiel der frühen Christen, die wahrhaftig und konsequent für ihre Grundsätze eintraten, kann den Jungen und Mädchen dieses Alters die große Kraft zeigen, die für Menschen aus dem Glauben erwachsen kann.

2. Anmerkungen zu den Materialien & Fundgrube für den Unterricht

2.1 Christen im Römischen Reich

Mosaiksteine, 36/37 Ein Gespräch zwischen zwei römischen Senatoren.
Anhand des Gesprächs können verschiedene Faktoren erkannt werden, die die schnelle Ausbreitung des Christentums begünstigt haben.

Methodische Möglichkeiten:
- Mithilfe der Bilder dieser Doppelseite kann erarbeitet werden, weshalb das Christentum sich so schnell ausbreiten konnte (äußere Umstände).
- Nach dem gemeinsamen Lesen des Textes benennen die Schüler die Gründe, die es für die einzelnen Menschen gegeben haben könnte, dem Christentum Interesse entgegenzubringen (persönliche Faszination, Neugier, die Erfahrung sozialer Gerechtigkeit, der Zusammenhalt in der Gemeinde etc.).

M 3a/b Arbeitsblatt zum Text mit Lösungsvorschlag

2.2 Christen in Rom

Mosaiksteine, 38 Der Text über die Christen in Rom verdeutlicht die geteilte öffentliche Meinung über die neue Glaubensgemeinschaft.

M 4a/b Arbeitsblatt zum Text »Christen in Rom« und Lösungsvorschlag

2.3 Römer über die Christen

Mosaiksteine, 39 Die fiktiven, aber historisch begründeten Aussagen verschiedener Römer verdeutlichen die unterschiedlichen Gründe, aus denen die Christen für viele in eine Außenseiterrolle gerieten, und zeigen, dass die gesellschaftliche Sonderstellung der Christen ursächlich vor allem mit der durch ihren Glauben bestimmten Lebenseinstellung und Lebensweise zusammenhing.

Methodische Möglichkeiten:

- Die Schüler/innen beurteilen die Aussagen der einzelnen Personen und geben deren Ängste wieder.
- Sie suchen weitere Beispiele für Berufsgruppen, denen die Christen ein Dorn im Auge hätten sein können.

M 5a/b Arbeitsblatt zu den Texten mit Lösungsvorschlag

M 6 Römische Götterwelt.
Die Schüler/innen tragen zusammen, was sie über die römischen Götter und Göttinnen wissen.

2.4 Die Christen kommen in Verruf

Mosaiksteine, 40 Die Christen kommen in Verruf
Das Bild mit der bekannten Karikatur soll verdeutlichen, dass es in der Frühzeit der Kirche tatsächlich Spottbilder gab und dass das Gespräch zwischen Alexamenos und seinem Bekannten so stattgefunden haben könnte. In dem fiktiven Zwiegespräch wird deutlich, wie problematisch die Situation für die Christen war, weil vielen Menschen der christliche Glaube und seine Rituale unbekannt waren und sie ihnen damit verdächtig erschienen.

Methodische Möglichkeiten:

- Den Text mit verteilten Rollen lesen (eventuell als Hörspiel aufnehmen).
- Erarbeitung von Vorschlägen zu Impuls 2.

M 7a/b Arbeitsblatt zum Text mit Lösungsvorschlag

2.5 Verfolgung der Christen

Mosaiksteine, 41 Beginn der Verfolgungen in der Stadt Rom.
Anhand des Textes können die Schüler/innen erarbeiten, wie die Christen zum Sündenbock und schließlich zum Spielball der Mächtigen wurden. Zur weiteren Information dient das Bild Neros und das der Apostel Petrus und Paulus, die nach alter Überlieferung (1. Clemensbrief) während der ersten Verfolgungen den Tod gefunden haben sollen.

Mosaiksteine, 42 Ausweitung der Verfolgungen.
Die Schüler/innen erfahren auf dieser Seite, dass die Christen nicht nur aus machtpolitischen Gründen verfolgt wurden, sondern auch, weil sie den römischen Staatskult verweigerten und so zur Zielscheibe der römischen Cäsaren wurden. Es wird jedoch auch klar, dass manche Regenten der Willkür ihres Vorgängers und dem Hass der Bevölkerung ein Ende bereiten wollten.

Verlauf und Verfahren der Verfolgungen können im Buch nur knapp dargestellt werden. Zur Vertiefung könnte der berühmte Briefwechsel (111/112) zwischen dem Statthalter von Bithynien in Kleinasien, Plinius, und dem Kaiser Trajan (53–117) herangezogen werden. Er illustriert eindrücklich die Situation zu Beginn des 2. Jahrhunderts und gibt einen Einblick in das geregelte rechtliche Verfahren beim Umgang der Behörden mit denen, die beschuldigt wurden, Christen zu sein. Die von Trajan formulierten Verfahrensregeln galten grundsätzlich auch unter seinen Nachfolgern.

M 8a/b/c Textblatt mit Briefwechsel des Plinius mit Trajan und Arbeitsblatt mit Lösung

Mosaiksteine, 43 Verfolgung der Christen im ganzen Reich
Die Berichte von den Verfolgungen unter Decius und Diokletian bringen neue Aspekte der Verfolgung hinzu. Es sollte hier auch darauf hingewiesen werden, dass die mächtigen Cäsaren auf die Einheit des Reiches bedacht waren und mit den Christenverfolgungen die Stärke des Imperiums demonstrieren wollten.

M 9a/b Arbeitsblatt zu den Texten S. 41–43 mit Lösungsvorschlag zum Arbeitsblatt

1. Vorüberlegungen

Viele Schüler/innen dieser Altersstufe nehmen Informationen über das Leid anderer Menschen sehr emotional auf, es ist also durchaus möglich, dass eine Identifikation mit den frühen Christen stattfindet. An dieser Stelle wäre es auch sinnvoll, ihnen aktuellere Beispiele für Märtyrer an die Hand zu geben und darauf hinzuweisen, dass es auch heute noch Menschen gibt, die aufgrund ihres Glaubens verfolgt werden. Zudem ist es aber auch wichtig, ihnen zu vermitteln, dass es Möglichkeiten gibt, sich gegen diese Ungerechtigkeit zur Wehr zu setzen. Darüber hinaus sollte man den Schülerinnen und Schülern darlegen, dass Toleranz in Glaubensdingen Grundlage friedlichen Zusammenlebens ist.

2. Anmerkungen zu den Materialien & Fundgrube für den Unterricht

2.1 Das Leben der Christen in den Zeiten der Verfolgung

Mosaiksteine, 44 Christuszeugnis bis in den Tod/Symbole der Christen
Auf dieser Seite werden zwei Aspekte des Christseins während der Verfolgungen angesprochen, die das Christentum für viele Außenstehende interessant machte: Die geheimnisvolle Aura, die die Gemeinschaft umgab und der rätselhafte Mut und die Standhaftigkeit ihrer Mitglieder.

Methodische Möglichkeiten:
- Die Schüler/innen machen sich anhand von M 10a deutlich, warum der Fisch zum christlichen Erkennungssymbol werden konnte.
- Die Schüler/innen gestalten selbst ein christliches Symbol.

M 10a Information zum Symbol des Fisches (Ichthys)

M 10b Stadtplan Roms mit den Katakomben

Mosaiksteine, 45 Die Kirche gewinnt Gestalt trotz Verfolgung
Mit dem Text soll den Schüler/innen bewusst gemacht werden, dass die christliche Kirche nicht von Anfang an eine feste Struktur hatte. Erst das gemeinsame Bekenntnis, die verbindliche Liturgie, und die Kirchenämter machten aus ihr eine Institution mit deutlichen Konturen.

M 11a/b Rätsel zum Thema »Kirche gewinnt Gestalt« und Lösung

2.2 Freiheit unter Vorbehalt

Mosaiksteine, 46 Anhand des Schulbuchtextes können die Schüler/innen erarbeiten, wie es zum ersten Toleranzedikt kam und weshalb der römische Cäsar Galerius einlenken musste.

Methodische Möglichkeit:

- Die Schüler/innen verfassen einen Brief, den Galerius einem engen Vertrauten vor dem Erlass des Edikts geschrieben haben könnte.

2.3 Das Christentum auf dem Weg zur Staatsreligion

Mosaiksteine, 47f In dem fiktiven Brief eines Lehrers an seinen Schüler stehen die Informationen, die uns Geschichte und Legende über die Ereignisse rund um die Konstantinische Wende erzählen. Zudem werden die positiven und auch problematischen Folgen, die sich aus dieser Wende für das Christentum ergaben, dargelegt.

Methodische Möglichkeiten:

- Die Schüler/innen lesen den Text selbstständig durch und versuchen, die Fragen auf dem Arbeitsblatt M 12a zu beantworten.
- Gestaltung einer Zeittafel für das Klassenzimmer vom Jahr Null bis zur Konstantinischen Wende

M 12a/b Arbeitsblatt zum Text und Lösungsvorschlag

2.4 Die Folgen der so genannten Konstantinischen Wende

Mosaiksteine, 49 Auf dieser Seite werden die Folgen der sog. Konstantinischen Wende für die ehemals verfolgte Kirche zusammenfassend dargestellt.

2.5 Das schwierige Miteinander von Kirche und Staat

Mosaiksteine, 50 Auf dieser Seite wird aufgezeigt, dass das bis heute immer wieder schwierige Verhältnis von Staat und Kirche, christlichem Glauben und Politik, eine wesentliche Wurzel in den Entwicklungen mit und nach Konstantin hat.

2.6 Vom Gegeneinander zum Miteinander

Mosaiksteine, 51 Diese Seite informiert über die Spaltung der einen Kirche in unterschiedliche Konfessionen und über die Bemühungen darum, die einzelnen Konfessionen einander wieder anzunähern.

Methodische Möglichkeiten:

- Die Schüler/innen gestalten ein Mosaik (s. M 13), auf dem »Die christliche Kirche« aus Mosaiksteinen zusammengesetzt wird, die den Konfessionen größenmäßig entsprechen.
- Die Schüler/innen informieren sich über ökumenische Veranstaltungen in ihrer Kirchengemeinde und berichten darüber.

M 13 Vorlage für das Mosaik »Kirche aus verschiedenen Konfessionen«

2.7 Dialog der Religionen

Mosaiksteine, 52 Die Schüler/innen erfahren hier von Schwierigkeiten mit anderen Religionen und dem Wunsch zum Dialog mit Andersgläubigen.

3. Andere Materialien

- Porter, J. R.: Das große Buch der Bibel – Ereignisse, Personen und Schauplätze, Orbis Verlag, München 1995
- Hartmann, Nick: Bibelblatt – der Weltbestseller in Schlagzeilen, Echter Verlag, Würzburg 1999
- Hartmann, Karl: Zwanzig Jahrhunderte Kirchengeschichte, Verlag Ernst Kaufmann, Lahr 1992
- Möller, Bernd: Geschichte des Christentums in Grundzügen, Vandenhoeck und Ruprecht, Göttingen 1992
- Halbfas, Hubertus: Das Christentum, Patmos Verlag, Düsseldorf 2004

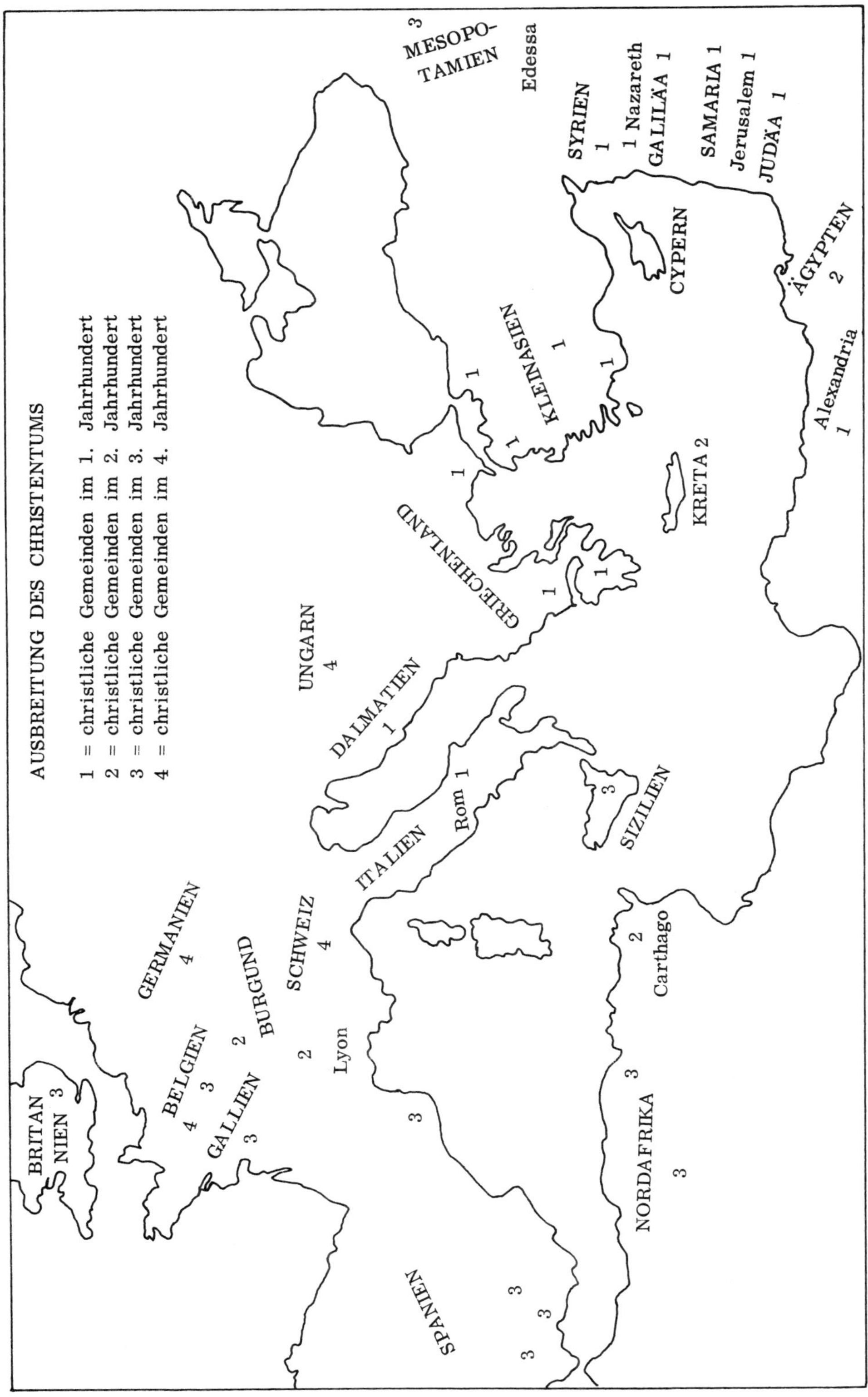
AUSBREITUNG DES CHRISTENTUMS
1 = christliche Gemeinden im 1. Jahrhundert
2 = christliche Gemeinden im 2. Jahrhundert
3 = christliche Gemeinden im 3. Jahrhundert
4 = christliche Gemeinden im 4. Jahrhundert
BRITANNIEN 3
BELGIEN 4 3
GALLIEN 3
GERMANIEN 4
BURGUND 2
SCHWEIZ 4
Lyon 2
SPANIEN
ITALIEN
Rom 1
DALMATIEN 1
UNGARN 4
GRIECHENLAND
SIZILIEN 3
Carthago 2
NORDAFRIKA 3
KRETA 2
KLEINASIEN
CYPERN
Alexandria 1
ÄGYPTEN 2
SYRIEN 1
1 Nazareth
GALILÄA 1
SAMARIA 1
Jerusalem 1
JUDÄA 1
MESOPOTAMIEN 3
Edessa

M 2

Im Gegensatz zum Judentum spielten Frauen in der Gemeinschaft des Urchristentums eine wichtige Rolle. Verschiedene Bibelstellen geben die Namen der Frauen wieder, die damals als Apostolinnen oder Diakoninen wirkten, in den Gemeinden tätig waren oder diese gar leiteten. Frauen ebneten dem Christentum auch den Weg in die Privathäuser. Diesen Brief könnte damals eine Frau an ihre Freundin geschrieben haben.

Liebe Shoshannah!
Heute will ich dir nun endlich von meiner Reise nach Korinth berichten. Ich habe vor geraumer Zeit meine Verwandten dort besucht. Sie mussten vor kurzem umziehen, weil Kaiser Claudius allen Juden befohlen hat, Rom zu verlassen. Natürlich wollte ich wissen, ob sie sich gut eingelebt haben und ob ich ihnen mit Rat und Tat zur Seite stehen sollte. Doch als ich kurz vor Sonnenuntergang bei ihnen eintraf, erkannte ich gleich, dass meine Sorgen unbegründet waren. In ihrem Haus waren einige Menschen versammelt. Priszilla und Aquila hießen mich freundlich willkommen und forderten mich auf, an ihrem gemeinsamen Mahl teilzunehmen.
An dem großen Tisch saßen alle Gäste beisammen: Junge und Alte, Männer und Frauen, Arme, Reiche und Sklaven. Sie unterhielten sich miteinander und waren wie ein Herz und eine Seele. Es schien keine Unterschiede zwischen ihnen zu geben. Das habe ich hier zum ersten Mal erlebt, dass alle gleichwertig behandelt werden.
Ich wunderte mich zuerst noch darüber, dass diejenigen, die mehr zu dem gemeinsamen Mahl beigetragen hatten, nicht darauf bestanden, die besten Leckereien für sich zu behalten. Doch Priszilla erklärte mir, dass es für diejenigen, die etwas gaben, nicht wichtig sei, den anderen zu zeigen, was sie besitzen, sondern dass alle geschwisterlich zusammenhalten. Dazu gehörte auch zu akzeptieren, dass manche nichts beisteuern konnten.
Als das Mahl fast beendet war, stand ein Mann auf, brach das Brot und verteilte es an die Gäste. Aquila sagte mir, dass dies an das letzte Mahl des Jesus von Nazareth mit seinen Jüngern erinnern soll. Der Vorsteher erzählte uns von Jesus und verkündete die frohe Botschaft und die Hoffnung auf die Auferstehung der Toten. Er erklärte uns, wie wir das Reich Gottes bereits auf der Erde schaffen könnten, indem wir uns unserer Mitmenschen annehmen und mit ihnen in Frieden leben. Seine Worte waren so ergreifend, dass ich fortan zu der Gemeinschaft der Christen gehören wollte. Ich habe mich taufen lassen, weil ich mich nun nicht mehr vom Bösen besiegen lassen will, sondern am Glauben, an Hoffnung und Liebe festhalten möchte. Ich wünschte, du hättest das erleben können. Sicherlich könntest du meine Begeisterung teilen. Bis bald und liebe Grüße

Deine Deborah

M 3a

Die Christen im römischen Reich

- Lies den Info-Text und den Dialog auf S. 36 und 37 im Buch aufmerksam durch.
- Schaue dir die Bilder auf den zwei Seiten genau an.
- Ergänze anschließend mit Bleistift die Lücken auf diesem Arbeitsblatt!

Pax Romana heißt ______________________________, der allen Menschen __________________

______________________ sicherte. Die von Rom unterworfenen Völker glaubten meist an

________________________________ (= Polytheismus), die sie weiter verehren durften.

Das Christentum ist eine monotheistische Religion mit nur einem Gott, was den Römern höchst seltsam vorkam. Doch sie hatten noch andere Ängste:

____

____

Das Christentum konnte sich so schnell verbreiten, weil die äußeren Gegebenheiten ihm den Weg ebneten:

»ALLE WEGE FÜHREN NACH ROM«

akg-images/Erich Lessing

Staatliche Münzsammlung, München

αβγδεζηθικλ
μνξοπρστυφχψω
ΑΒΓΔΕΖΗΘΙΚΛΜ
ΝΞΟΠΡΣΤΥΦΧΨΩ

M 3b

Die Christen im römischen Reich

Pax Romana heißt <u>der Friede Roms</u>, der allen Menschen <u>Religionsfreiheit</u> sicherte. Die von Rom unterworfenen Völker glaubten meist an <u>viele Götter</u> (= Polytheismus), die sie weiter verehren durften.

Das Christentum ist eine monotheistische Religion mit nur einem Gott, was den Römern höchst seltsam vorkam. Doch sie hatten noch andere Ängste:

<u>Sie fürchteten sich davor, dass der christliche Glaube sich so schnell und im Verborgenen ausbreitete</u>

Das Christentum konnte sich so schnell verbreiten, weil die äußeren Gegebenheiten ihm den Weg ebneten:

»ALLE WEGE FÜHREN NACH ROM«

- Religionsfrieden
- Frieden im Reich
- Straßen / Transportmöglichkeiten
- gleiche Währung
- röm. Bürgerrechte
- Ausbreitung durch Sklaven
- Verkündigung durch Kaufleute
- gleiche Sprache
- Reisende berichten von ihrem Glauben

akg-images/Erich Lessing

Staatliche Münzsammlung, München

αβγδεζηθικλ
μνξοπρστυφχψω
ΑΒΓΔΕΖΗΘΙΚΛΜ
ΝΞΟΠΡΣΤΥΦΧΨΩ

M 4a

Christen in Rom

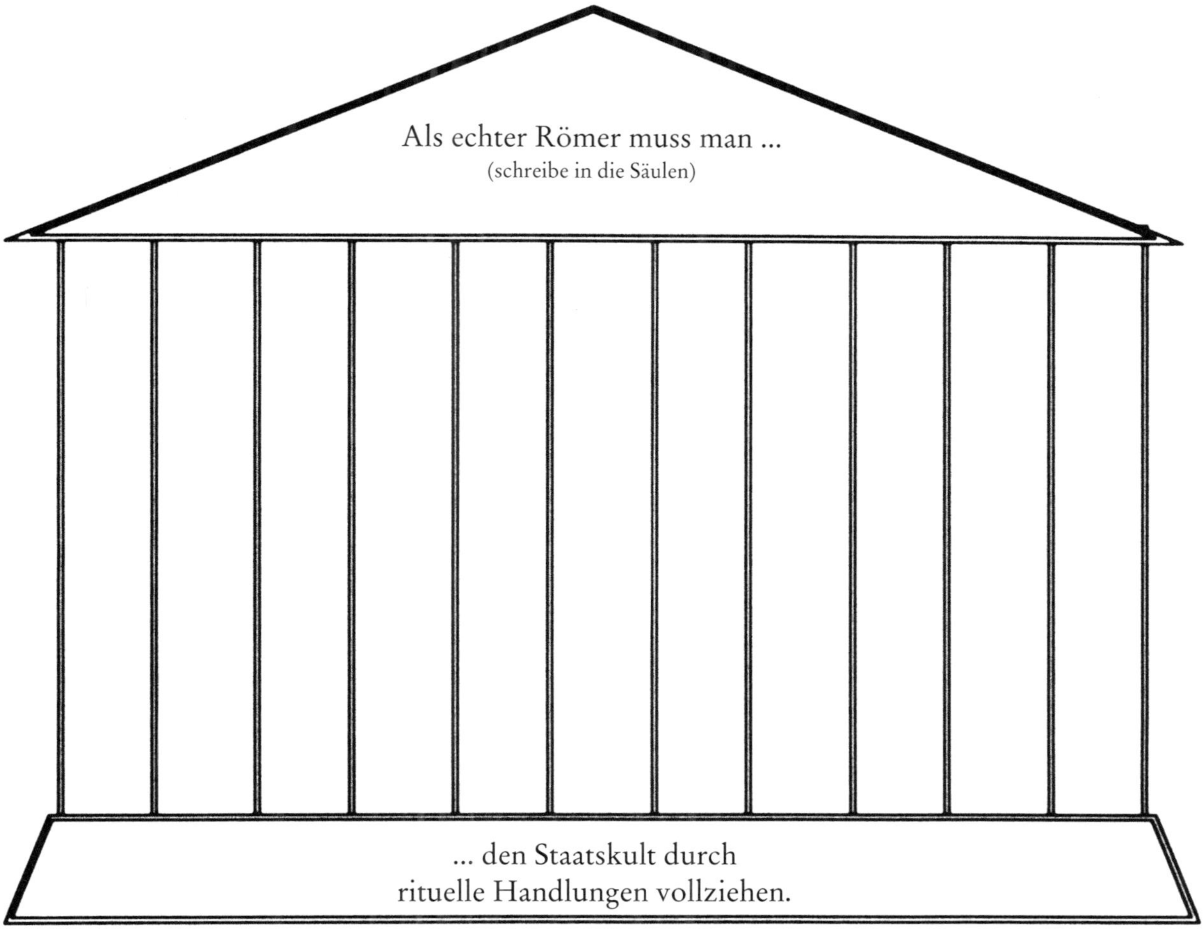

Die Christen lehnten__________________ und unmoralische Vergnügungen ab.

Dazu gehörte beispielsweise:

I. ____

II. ____

III. ____

Die Christen gerieten schnell in die Rolle von Außenseitern, obwohl sie ...

____

____

____

M 4b

Christen in Rom

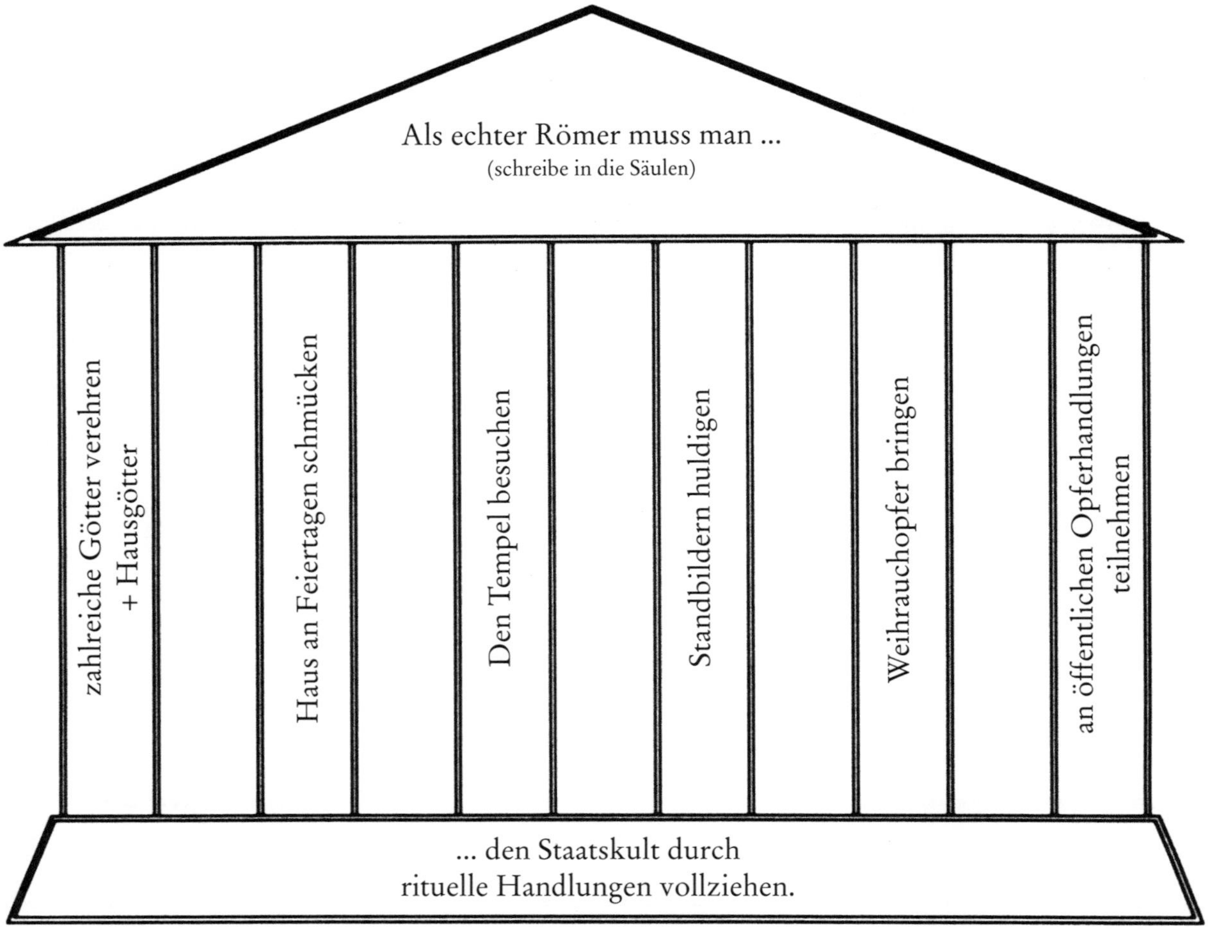

Die Christen lehnten Luxus und unmoralische Vergnügungen ab.

Dazu gehörte beispielsweise:

I. Ausschweifende Feste zu feiern

II. Blutrünstige Kampfspiele anzuschauen

III. Anrüchige Schauspiele anzusehen

Die Christen gerieten schnell in die Rolle von Außenseitern, obwohl sie ...

gute Staatsbürger waren, die ihre Steuern zahlten,

ehrliche Leute und treue Vertragspartner waren,

ihr Wort hielten

M 5a

Stimmen gegen die Christen werden laut ...

Viele Menschen haben Gründe, das Verhalten der Christen abzulehnen, wie beispielsweise

METZGER , weil die Christen ______________________________

____

BILDHAUER (KÜNSTLER) , weil die Christen______________________________

____

GROSSGRUNDBESITZER , weil die Christen ______________________________

____

SOLDATEN , weil die Christen ______________________________

____

Notiere drei weitere Berufsgruppen, die gegen die Christen gehetzt haben könnten:

____________________ ____________________ ____________________

Notiere drei weitere Beweggründe, weshalb die Menschen Groll gegen die Christen hegten:

____________________ ____________________ ____________________

M 5b

Stimmen gegen die Christen werden laut ...

Viele Menschen haben Gründe, das Verhalten der Christen abzulehnen, wie beispielsweise

METZGER , weil die Christen kein Fleisch essen (weil es von Götzenopfern stammt) und dadurch das Geschäft schädigen.

BILDHAUER (KÜNSTLER) , weil die Christen nicht für sie arbeiten oder nichts von ihnen kaufen (weil es gegen das 1. Gebot verstößt).

GROSSGRUNDBESITZER , weil die Christen mit ihrem Reden von Gleichberechtigung das Gesellschaftssystem gefährden (Sklaven).

SOLDATEN , weil die Christen den Wehrdienst verweigerten (weil er gegen das 5. Gebot verstoßen könnte).

Notiere drei weitere Berufsgruppen, die gegen die Christen gehetzt haben könnten:

Schauspieler Sklavenhändler Priester

Notiere drei weitere Beweggründe, weshalb die Menschen Groll gegen die Christen hegten:

Angst Misstrauen Unwissenheit

M 6

Römische Götterwelt

Victoria
die Siegesgöttin

Jupiter
der höchste Gott

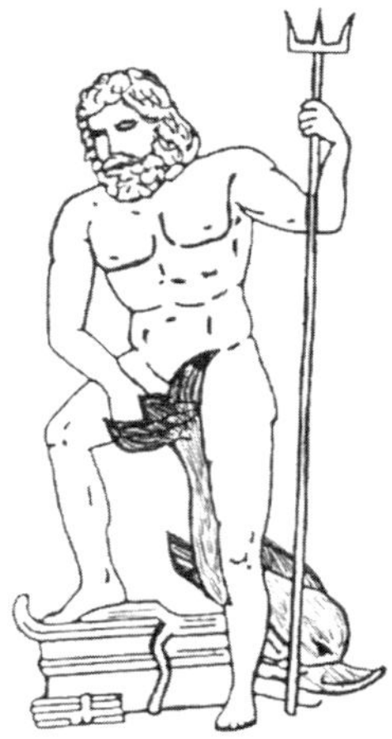

Minerva
Göttin der Künste

Neptun
der Gott des Meeres

Amor
der Liebesgott

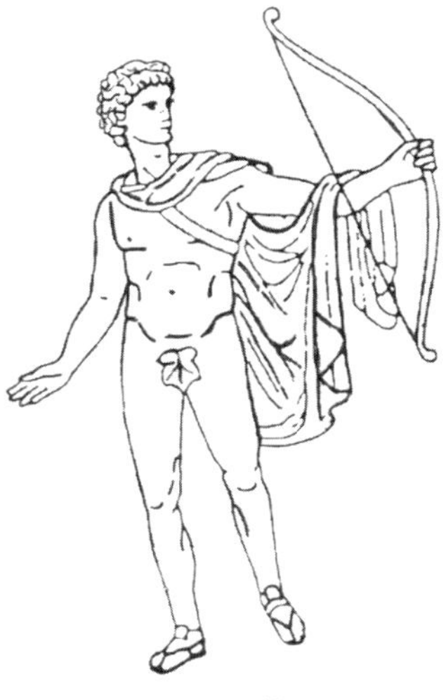

Diana
die Göttin
der Jagd

Apollo
Gott der Künste, der
Medizin und der Jagd

Außerdem: **Mars** der Kriegsgott, **Venus** die Liebesgöttin, **Merkur** der Götterbote und Gott des Handels, **Pluto** der Gott der Unterwelt, **Saturn** der Gott des Ackerbaus, **Juno** die Göttin der Ehe, **Fortuna** die Göttin des Glücks, **Vulcanus** der Gott des Feuers und der Schmiede u. v. m.

M 7a

Graffiti – Deut(lich)e Zeichen an der Wand

Der Hass der Römer auf die Christen nahm beständig zu. Mit Schmierereien machten sie ihren Gedanken Luft. Das ______________________, mit dem man sich über den Glauben des Christen ______________ lustig gemacht hat, ist bis heute erhalten geblieben.
Es war jedoch sicher nicht die einzige Spottzeichnung. Mit den vielen Vorurteilen hätte man ganze Wände bekritzelt können:

Vorurteile sind wie Steine einer Mauer,
die wir zwischen uns errichten.

Auch heute gibt es Vorurteile gegenüber Christen.
Notiere drei mögliche Vorurteile und nimm Stellung dazu!

Wer glaubt, ist ...

______________________ ________________ ________________

Aber ...

____

____

M 7b

Graffiti – Deut(lich)e Zeichen an der Wand

Der Hass der Römer auf die Christen nahm beständig zu. Mit Schmierereien machten sie ihren Gedanken Luft. Das ___Spottkruzifix___, mit dem man sich über den Glauben des Christen ___Alexamenos___ lustig gemacht hat, ist bis heute erhalten geblieben.
Es war jedoch sicher nicht die einzige Spottzeichnung. Mit den vielen Vorurteilen hätte man ganze Wände bekritzelt können:

Christen
beten einen
Esel an, oder sind
Zauberer

Die Christen sind
lichtscheues
Gesindel und
Schwätzer

Die Christen sind
eine
Verschwörerbande

Gottloses
Pack

Christen trinken
Menschenblut und
essen Menschenfleisch

Nur leichtgläubige
Weiber und ungebildeter
Abschaum glaubt an
einen Gekreuzigten

Vorurteile sind wie Steine einer Mauer,
die wir zwischen uns errichten.

Auch heute gibt es Vorurteile gegenüber Christen.
Notiere drei mögliche Vorurteile und nimm Stellung dazu!

Wer glaubt, ist ...

___altmodisch___ ___langweilig___ ___weltfremd___

Aber ...

___was ist aktueller, als sich für den Sinn des Lebens zu___

___interessieren, was ist interessanter?___

M 8a

Wie soll man mit den Christen verfahren?

Der Statthalter Plinius schreibt um das Jahr 111 n. Chr. an Kaiser Trajan:

(1) Es ist meine Gewohnheit, Herrscher, alles, worüber ich im Zweifel bin, Dir vorzutragen. Nun weiß ich nicht, wie man gegen die Christen verfahren soll.

(2) Soll man Junge und Alte unterschiedlich bestrafen? Bewahrt Reue vor Strafe? Muss schon die einfache Zugehörigkeit zum Christenglauben bestraft werden, oder müssen konkrete Verbrechen vorliegen?

Bisher bin ich mit denen, die mir als Christen angezeigt wurden, folgendermaßen verfahren:

(3) Ich habe sie gefragt, ob sie Christen seien. Gestanden sie, so habe ich ihnen unter Androhung der Todesstrafe ein zweites und drittes Mal dieselbe Frage gestellt. Beharrten sie bei ihrem Geständnis, so habe ich sie zur Hinrichtung abführen lassen. Denn schon ihre Hartnäckigkeit und ihr unbeugsamer Starrsinn verdienten Bestrafung.

(4) Es wurde mir eine anonyme Anklageschrift vorgelegt, die zahlreiche Namen enthielt. Diejenigen, die leugneten, Christen zu sein oder es früher einmal gewesen zu sein, habe ich entlassen, wenn sie zuvor die Götter anriefen und deinem Bild mit Weihrauch und Wein opferten. Außerdem mussten sie Christus lästern, alles Dinge, zu denen sich, wie es heißt, überzeugte Christen niemals zwingen lassen.

(5) Andere als Christen Beschuldigte gaben erst zu, Christen zu sein, behaupteten aber gleich darauf: sie seien es zwar gewesen, hätten es aber längst wieder aufgegeben. Sie alle haben ebenfalls deinem Bild sowie den Götterstatuen gehuldigt und Christus gelästert.

(6) Sie erklärten jedoch, ihre ganze Schuld oder auch ihre Verirrung habe darin bestanden, dass sie gewöhnlich an einem fest gesetzten Tag vor Sonnenaufgang sich versammelt und Christus als ihrem Gott im Wechsel Loblieder gesungen hätten. Außerdem hätten sie sich mit einem Eid zur Unterlassung von Diebstahl, Raub, Ehebruch, Treulosigkeit und Unterschlagung von anvertrautem Gut verpflichtet. Danach seien sie auseinander gegangen und erst später wieder zusammen gekommen, um ein ganz gewöhnliches gemeinsames Mahl zu halten.

(7) Als ich zwei Sklavinnen, so genannte Diakonissen, foltern ließ, fand ich nichts anderes heraus als minderwertigen, maßlosen Aberglauben, aber keine Verbrechen.

Daher setzte ich nun das Verfahren aus, um eiligst deinen Rat einzuholen.

Kaiser Trajan antwortet:

(1) Du hast dich, lieber Secundus [= Plinius] bei deinem Vorgehen gegen die Christen völlig korrekt verhalten. Denn es lässt sich in der Tat kein allgemein gültiges Verfahren festlegen.

(2) Fahnden soll man nicht nach ihnen; wenn sie aber angezeigt und überführt werden, muss man sie bestrafen. Wenn einer abstreitet, Christ zu sein, und dies durch die Tat, d. h. durch Vollzug eines Opfers für unsere Götter, unter Beweis stellt, soll er aufgrund seiner Reue begnadigt werden, auch wenn er im Blick auf seine Vergangenheit verdächtig sein mag.

(3) Anonyme Anzeigen dürfen freilich bei keiner Anklage berücksichtigt werden. Denn das wäre ein äußerst schlechtes Beispiel und entspräche nicht dem Geist unserer Zeit.

(Auszug aus dem Briefwechsel zwischen dem Statthalter von Bithynien, C. Plinius, und dem Kaiser Trajan, um 111 n. Chr.)

M 8b

Christenverfolgungen nach einem geordneten Verfahren
(ca.   –   )
Der Briefwechsel zwischen Plinius und Trajan

Plinius d.J., Statthalter in Bithynien, bittet den Kaiser Trajan (98–117) um Anweisung, wie mit denen verfahren werden soll, die beschuldigt werden, Christen zu sein.

Die folgenden Fragen können anhand des Textes M 8a beantwortet werden.

1. Welche Fragen wirft Plinius auf?

+ welcher Tatbestand soll bestraft werden?

– ______________________________

– ______________________________

+ was soll geschehen, wenn ein Beschuldigter Reue zeigt?

+ sollen alle (z.B. ______________________) gleich behandelt werden?

2. Wie ist Plinius bisher verfahren, wenn ihm jemand – auch __________ – als Christ angezeigt wurde?

+ ______________________________

+ ______________________________

+ ______________________________

____

+ ______________________________

– ______________________________

– ______________________________

– ______________________________

3. Was erfahren wir aus dem Brief des Plinius über den Glauben und das Leben der Christen im römischen Reich?

+ Sie feiern ____

+ Sie verehren ____

+ Sie halten ____

+ Sie verpflichten sich zu einem »anständigen« Lebenswandel, d. h. z. B.

____

____

(Woran erinnern uns diese »Vorschriften?« ______________________)

4. Wie beurteilt Plinius die Christen?

+ ____________________________________

+ ____________________________________

5. Welche Anweisungen gibt Kaiser Trajan in seiner Antwort an Plinius für den Umgang mit den Christen?

+ ____

+ ____

+ ____

+ ____

____

Diese Regelungen sollten den Umgang der römischen Behörden mit den Christen bis ca. 250 n. Chr. bestimmen

M 8c

Christenverfolgungen nach einem geordneten Verfahren
(ca. 100–250)
Der Briefwechsel zwischen Plinius und Trajan

Plinius d.J., Statthalter in Bithynien bittet den Kaiser Trajan (98–117) um Anweisung, wie mit denen verfahren werden soll, die beschuldigt werden, Christen zu sein.

Die folgenden Fragen können anhand des Textes M 8a beantwortet werden.

1. Welche Fragen wirft Plinius auf?

+ welcher Tatbestand soll bestraft werden?

– Der Christenglaube als solcher?

– Nur konkrete Verbechen?

+ was soll geschehen, wenn ein Beschuldigter Reue zeigt?

+ sollen alle (z. B. Kinder u. Erwachsene) gleich behandelt werden?

2. Wie ist Plinius bisher verfahren, wenn ihm jemand – auch anonym – als Christ angezeigt wurde?

+ Dreimalige Befragung, ob sie Christen seien?

+ Androhung der Todesstrafe

+ a) Hinrichtung bei Bekenntnis

b) Freilassung bei Leugnung

+ Beweis für »Unschuld«:

– Anrufung der Götter

– Kaiseropfer

– Lästerung Christi

3. Was erfahren wir aus dem Brief des Plinius über den Glauben und das Leben der Christen im römischen Reich?

+ Sie feiern Gottesdienst an einem bestimmten Tag (=Sonntag)

+ Sie verehren in Liedern Christus als Gott

+ Sie halten ein gemeinschaftliches Mahl

+ Sie verpflichten sich zu einem »anständigen« Lebenswandel, d. h. z. B.

nicht stehlen, nicht lügen, nicht die Ehe brechen usw.

(Woran erinnern uns diese »Vorschriften?« = 10 Gebote)

4. Wie beurteilt Plinius die Christen?

+ Sie sind abergläubisch

+ Aber sie sind keine Verbrecher

5. Welche Anweisungen gibt Kaiser Trajan in seiner Antwort an Plinius für den Umgang mit den Christen?

+ Keine Fahndung nach Christen durch die Behörden

+ Bestrafung, wenn sie angezeigt und überführt werden

+ Keine Verfolgung bei anonymen Anzeigen

+ Straffreiheit auch bei Leugnung und »tätiger« Reue

= Opfer für die Götter

Diese Regelungen sollten den Umgang der römischen Behörden mit den Christen bis ca. 250 n.Chr. bestimmen

M 9a

Verfolgung der Christen

- Lies die Seiten 41 bis 43 im Buch aufmerksam durch.
  Die Sätze unten könnten von den abgebildeten Cäsaren stammen.
- Schneide die Sätze aus und ordne sie dem Bild des jeweiligen Herrschers zu.
  In die Reihenfolge gebracht, ergeben die Buchstaben der rechten Spalte einen Lösungssatz.
- Übertrage die Überschrift in dein Heft, klebe die Bilder und Sätze ein und notiere den Lösungssatz.

akg-images

SV-Bilderdienst

akg-images

akg-images

akg-images

»Nicht nur das Volk verlangt nach Brot und Spielen. Sie sollen bekommen, was sie fordern.«	Y
»Was behauptet das Volk? Ich soll Rom angezündet haben? Aber das waren doch die Christen.«	EC
»Was, die Christen sind uneinsichtig? Unter der Folter werden sie ihrem Glauben schon abschwören.«	UM
»Natürlich bestehe ich auf den Titel ›Dominus et Deus‹.«	TE
»Ich denke, dass viele Christen zu Unrecht beschuldigt werden. Die Anzeigen sind oft nur von Neidern.«	UR
»Ich gebe ein Fest in meinen Parkanlagen und zur Belustigung meiner Gäste lasse ich die Christen hinrichten.«	VI
»Es reicht mir nicht, dass alle behaupten, sie würden den Göttern opfern! Ich will einen Beweis dafür!«	RT
»Werft die Christen den Löwen zum Fraß vor. Das Opfer erfreut die Götter.«	RE
»Nennt mich Herr und Gott, meine werten Untertanen. Das habe ich als euer Cäsar verdient.«	HR
»Wer soll wegen mir zu Tode gekommen sein? Petrus und Paulus? Ich weiß nicht einmal wer das sein soll.«	EL
»Ihr Christen zeigt Reue und opfert den Göttern Roms, dann schenke ich euch das Leben.«	NZ
»Ich verbiete es jedermann Christ zu sein. Wer Christ ist, ist des Todes!«	IS
»Eine Anzeige muss mit einem Namen versehen sein, sonst ist sie für mich wertlos.»	DE
»Die Götter zürnen uns, wir müssen sie gemeinsam um Versöhnung anflehen.«	AE
»Veranlasse bitte, dass alle Römer erfahren, dass sie die Christen anzeigen sollen und sei es anonym.«	NW
»Brecht den Willen der Christen. Nehmt ihnen ihre Anführer und zerstört ihre Versammlungsorte.«	RN

Lösungssatz: ________________________________

M 9b

Verfolgung der Christen

akg-images

»Ich gebe ein Fest in meinen Parkanlagen und zur Belustigung meiner Gäste lasse ich die Christen hinrichten.«	VI
»Wer soll wegen mir zu Tode gekommen sein? Petrus und Paulus? Ich weiß nicht einmal wer das sein soll.«	EL
»Was behauptet das Volk? Ich soll Rom angezündet haben? Aber das waren doch die Christen.«	EC

SV-Bilderdienst

»Nennt mich Herr und Gott, meine werten Untertanen. Das habe ich als euer Cäsar verdient.«	HR
»Ich verbiete es jedermann Christ zu sein. Wer Christ ist, ist des Todes!«	IS
»Natürlich bestehe ich auf den Titel ›Dominus et Deus‹.«	TE
»Veranlasse bitte, dass alle Römer erfahren, dass sie die Christen anzeigen sollen und sei es anonym.«	NW

akg-images

»Ich denke, dass viele Christen zu Unrecht beschuldigt werden. Die Anzeigen sind oft nur von Neidern.«	UR
»Eine Anzeige muss mit einem Namen versehen sein, sonst ist sie für mich wertlos.»	DE
»Ihr Christen zeigt Reue und opfert den Göttern Roms, dann schenke ich euch das Leben.«	NZ
»Was, die Christen sind uneinsichtig? Unter der Folter werden sie ihrem Glauben schon abschwören.«	UM

akg-images

»Die Götter zürnen uns, wir müssen sie gemeinsam um Versöhnung anflehen.«	AE
»Es reicht mir nicht, dass alle behaupten, sie würden den Göttern opfern! Ich will einen Beweis dafür!«	RT

akg-images

»Nicht nur das Volk verlangt nach Brot und Spielen. Sie sollen bekommen, was sie fordern.«	Y
»Werft die Christen den Löwen zum Fraß vor. Das Opfer erfreut die Götter.«	RE
»Brecht den Willen der Christen. Nehmt ihnen ihre Anführer und zerstört ihre Versammlungsorte.«	RN

Lösungssatz: VIELE CHRISTEN WURDEN ZU MAERTYRERN.

M 10a

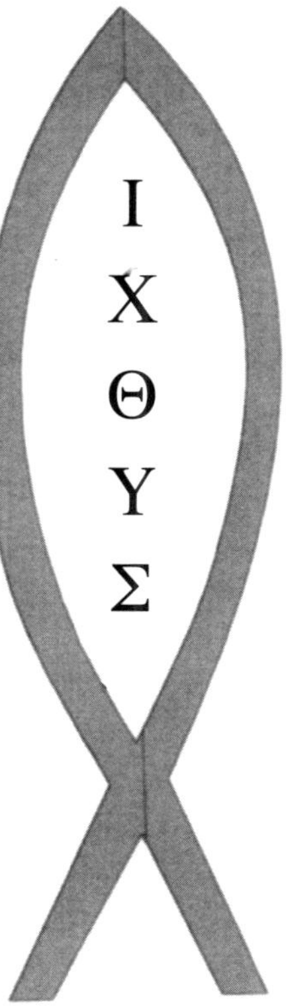

F	Ι	Jesus	Jesus
I	Χ	Christos	Christus
S	Θ	Theou	Gottes
C	Υ	Yios	Sohn
H	Σ	Soter	Retter

M 10b

Lageplan der Katakomben

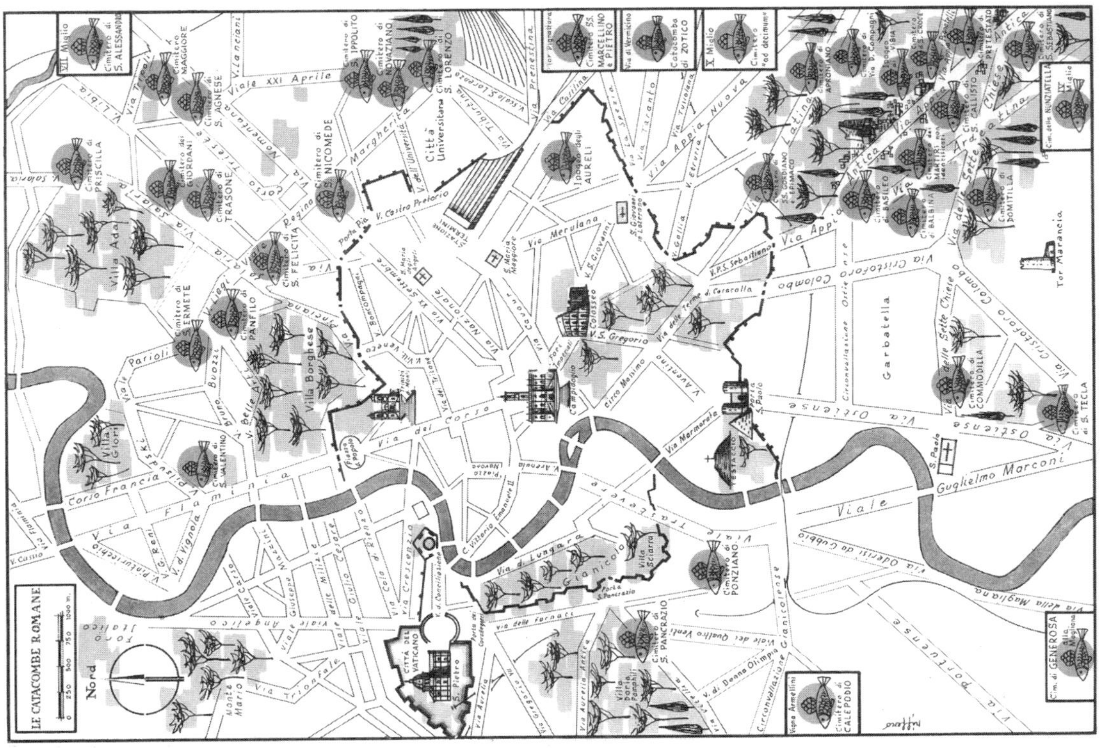

M 11a

Die Kirche gewinnt Gestalt

- Lies den Text S. 45 im Buch genau durch.
- Löse anschließend das Rätsel auf diesem Arbeitsblatt! Auch Grundwissen ist gefragt.

1. Nach welchem Jahrhundert wurden erstmals die Schriften für das Neue Testament zusammengestellt?
2. Wo findet man Fresken? An den ...
3. Wie nennt man die Zusammenstellung der Schriften des Neue Testamen?
4. Ein Mensch, der für seinen Glauben stirbt, ist ein ....
5. Die unterirdischen Grabkammern waren wie ein ... angelegt.
6. Das bekannteste Symbol der frühen Christen war ein ....
7. In den ... fanden die Christen Zuflucht vor ihren Verfolgern.
8. Das Wort ... steht für Sendbote des Glaubens.
9. Der ... und
10. der ... sind auch heute noch kirchliche Ämter.
11. Schon die ersten Christen feierten die Sakramente: Abendmahl und ....
12. ... heißt frohe Botschaft
13. Jemand der die frohe Botschaft falsch wiedergibt, verbreitet eine ....
14. Die Gottesdienstordnung nennt man ....
15. Die zwei Teile der Bibel nennt man ....
16. Die ... ist eine Gemeindeordnung.
17. Paulus und Petrus starben in ...
18. Alpha und ... wird bis heute als christliches Zeichen verwendet.

LÖSUNGSWORT: ______________________________

(Das Lösungswort ist der Titel einer Schrift, die die gültige christliche Lehre zusammenfasste.)

M 11b

Die Kirche gewinnt Gestalt

1						Z	W	E	I	T	E	N			
2						W	A	E	N	D	E	N			
3			K	A	N	O	N								
4				M	A	E	R	T	Y	R	E	R			
5						L	A	B	Y	R	I	N	T	H	
6						F	I	S	C	H					
7					K	A	T	A	K	O	M	B	E		
8					A	P	O	S	T	E	L				
9		D	I	A	K	O	N								
10				B	I	S	C	H	O	F					
11						T	A	U	F	E					
12						E	V	A	N	G	E	L	I	U	M
13			I	R	R	L	E	H	R	E					
14						L	I	T	U	R	G	I	E		
15					T	E	S	T	A	M	E	N	T		
16	D	I	D	A	C	H	E								
17						R	O	M							
18				O	M	E	G	A							

LÖSUNGSWORT: ZWOELFAPOSTELLEHRE

(Das Lösungswort ist der Titel einer Schrift, die die gültige christliche Lehre zusammenfasste.)

M 12a

akg-images/Erich Lessing

Staatliche Münzsammung, München

Büste und Münze des Kaisers

* __________

Der römische Kaiser __________ wurde schon mit __________ Jahren Regent über __________. Im Jahr __________ herrschte er über das gesamte römische Imperium.

Seine Regentschaft hatte er sich in der Schlacht an der __________ __________ hart erkämpfen müssen. Seinen Widersacher __________ hatte er im Zeichen des christlichen Gottes besiegt. Er hatte zuvor das ______= ______ am Himmel gesehen und eine Stimme hatte zu ihm gesagt: »__________ __________.«

Im Jahr __________ ließ er das Christentum im __________ __________ von __________aus Dankbarkeit __________.

Das Wohlwollen des Kaisers hatte entscheidende Verbesserungen für die Lebensumstände der Christen zur Folge. Diese waren so offensichtlich, dass die Geschichte diesen Wandel als die __________ __________ bezeichnete.

Der Kaiser selbst ließ sich zwar __________ taufen, doch seine Söhne ließ er __________ __________erziehen.

Milvische Brücke

Er leitete das erste __________in der Stadt __________ein.

Zudem ergriff er weitere Maßnahmen. Er ließ

… __________

… __________

… __________

… __________

… __________

… __________

… __________

… __________

Frühchristliche Basilika

aus: M.L. Goecke – Seischab und J. Ohlemacher, Kirchen erkunden. Kirchen erschließen, S. 74. Verlag Ernst Kaufmann, Lahr 2. Aufl. 2002

M 12b

DIE KONSTANTINISCHE WENDE

akg-images/Erich Lessing

Staatliche Münzsammung, München

Büste und Münze des Kaisers

* ______________

Milvische Brücke

Frühchristliche Basilika

aus: M.L. Goecke – Seischab und J. Ohlemacher, Kirchen erkunden. Kirchen erschließen, S. 74. Verlag Ernst Kaufmann, Lahr 2. Aufl. 2002

Der römische Kaiser KONSTANTIN wurde schon mit 26 Jahren Regent über WESTROM. Im Jahr 325 herrschte er über das gesamte römische Imperium.

Seine Regentschaft hatte er sich in der Schlacht an der MILVISCHEN BRÜCKE hart erkämpfen müssen. Seinen Widersacher MAXENTIUS hatte er im Zeichen des christlichen Gottes besiegt.

Er hatte zuvor das ☧ = CHRISTUS am Himmel gesehen und eine Stimme hatte zu ihm gesagt: »IN DIESEM ZEICHEN WIRST DU SIEGEN.«

Im Jahr 313 ließ er das Christentum im (TOLERANZ-) EDIKT von MAILAND aus Dankbarkeit TOLERIEREN.

Das Wohlwollen des Kaisers hatte entscheidende Verbesserungen für die Lebensumstände der Christen zur Folge. Diese waren so offensichtlich, dass die Geschichte diesen Wandel als die KONSTANTINISCHE WENDE bezeichnete.

Der Kaiser selbst ließ sich zwar ERST KURZ VOR SEINEM TOD taufen, doch seine Söhne ließ er IM CHRISTLICHEN GLAUBEN erziehen.

Er leitete das erste KONZIL in der Stadt NICÄA ein.

Zudem ergriff er weitere Maßnahmen. Er ließ

... KIRCHEN BAUEN

... DEN SONNTAG ZUM ALLGEMEINEN FEIERTAG MACHEN

... KREUZIGUNGEN ABSCHAFFEN

... SKLAVEN HUMANER BEHANDELN

... VERBRECHER NICHT MEHR BRANDMARKEN

... PRIESTER VOM KRIEGSDIENST BEFREIEN

... KIRCHLICHE ÄMTER MIT STAATLICHEN GLEICHSETZEN

... BIBELN VERVIELFÄLTIGEN

M 13

Eine Kirche in verschiedenen Konfessionen

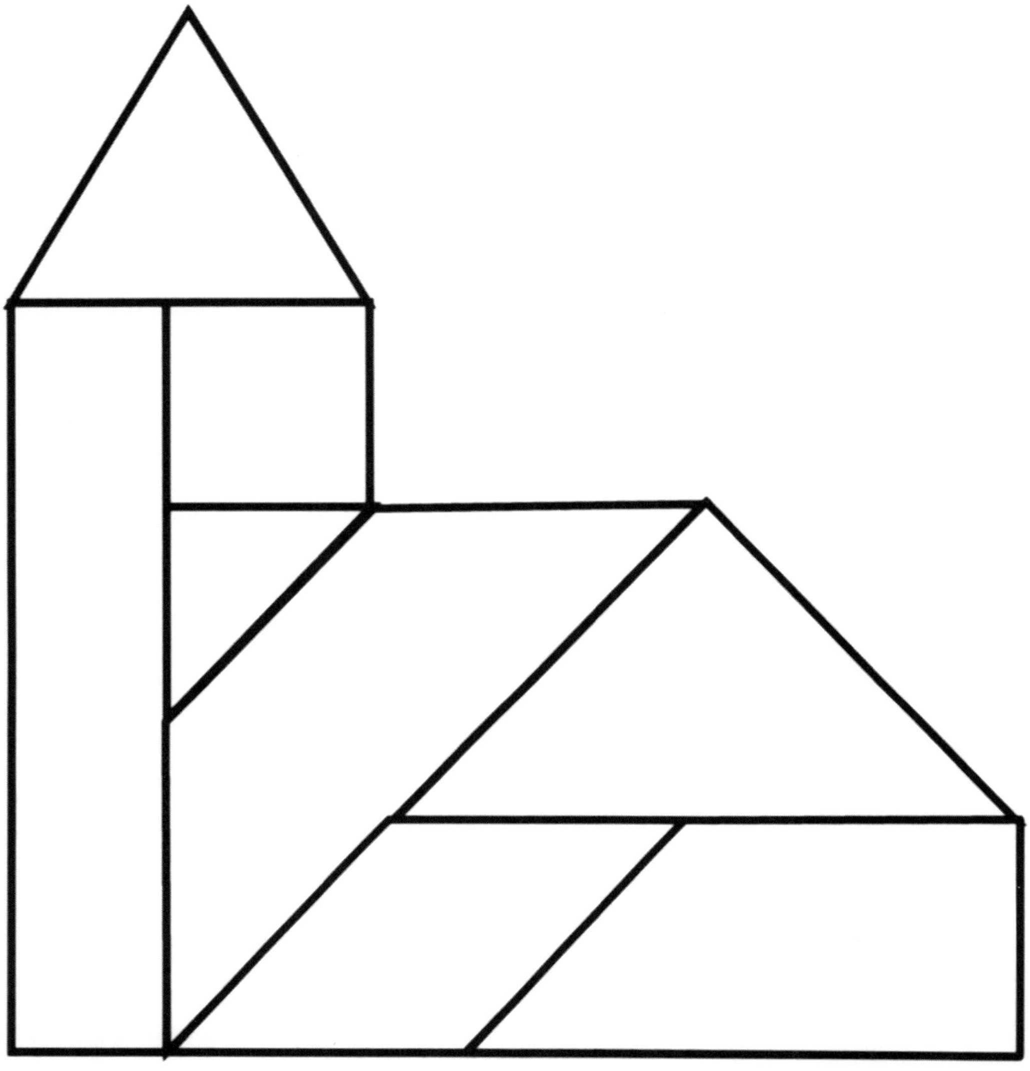

- Suche im Bild auf S. 51 des Schulbuches die verschiedenen christlichen Konfessionen und trage sie in die Kästchen des Mosaiks ein!

3. Kapitel Paulus: Gottes Geist verändert Menschen

1. Vorüberlegungen

Paulus ist eine der interessantesten und zugleich schwierigsten Gestalten des Neuen Testaments, die unsere Kirche und unseren Glauben entscheidend geprägt hat. Auch heute noch sind seine Aussagen Anlass für theologische Auseinandersetzungen innerhalb des Christentums und sie bestimmen ganz wesentlich das Gespräch zwischen Christen und Juden.

Der Apostel Paulus, der – was nicht vergessen und verdrängt werden darf – ebenso wie Jesus Jude war, wurde wie jener in der christlichen Theologie- und Frömmigkeitsgeschichte lange in einem fast ausschließlichen Gegensatz zum Judentum gesehen. In den letzten Jahren (Stichwort u. a. »Neue Paulusperspektive«) hat man gelernt, das Verhältnis Jesu wie des Paulus zu den Wurzeln, aus denen sie kommen, differenzierter, als Kontinuität und Diskontinuität, zu sehen. Dies hat auch Konsequenzen für den Religionsunterricht.

Ein besonders schwieriges und grundsätzliches Problem einer Behandlung der Theologie des Paulus ist, dass dieser keine systematische »Lehre« entfaltet, sondern situations- bzw. gemeindebezogen, nicht selten dann auch polemisch, seine Argumentation entwickelt. Wie bei aller Auslegung der Bibel müssen deshalb auch hier Schüler/innen sensibilisiert werden für die lokal- und zeitgeschichtlichen Hintergründe der Texte.
Es finden sich gerade bei dem Thema des Paulus, der Frage nach der Geltung des Gesetzes, durchaus unterschiedliche Akzente, ja auch widersprüchliche Aussagen und Bewertungen. Die differenziert dialektische Sicht des Paulus vom Gesetz kann sicher in einer 7. Klasse nicht ausreichend bearbeitet werden. Es sollte aber auch hier kein einseitig undifferenziertes Bild des Paulus vermittelt werden.

Eine weitere Schwierigkeit beim Umgang mit Paulus dürfte sein, dass unseren Schüler/innen die sachlich denkerischen Voraussetzungen des Apostels nicht mehr selbstverständlich sind. Dies trifft z. B. auf die Eschatologie und Christologie, bzw. Kreuzestheologie, ebenso wie auf das Thema Rechtfertigung zu. Das Wort »rechtfertigen« z. B. dürfte heute fast allgemein im Sinne von »sich selbst rechtfertigen« verstanden werden, und auch die Vorstellung, dass der Mensch als Sünder der Rechtfertigung durch Gott bedarf, wird vielen Zeitgenossen wohl nur schwer zugänglich sein.

Die Behandlung des Paulus im Religionsunterricht kann gewiss nicht alle Schwierigkeiten angehen, sie wird sich aber auch, wenn sie nicht letztlich überflüssig sein soll, nicht auf einige äußere Daten beschränken können. Das Schulbuchkapitel versucht, den Schülerinnen und Schülern der 7. Jahrgangsstufe den Menschen Paulus, wichtige Stationen seines Lebensweges wie einige wichtige Inhalte seiner Theologie, nahezubringen. Dabei geht es nicht nur um Vermittlung von Wissen, sondern vor allem darum, sein

Leben für seinen Glauben und seine mögliche Aktualität nachvollziehbar zu machen.
Im Buch werden neben Brieftexten auch solche aus der Apostelgeschichte (vor allem für Biographisches) eingesetzt, deren historischer Quellenwert nicht über-, aber auch nicht unterschätzt werden darf. Nach Entfaltung des Themas »Gerechtigkeit vor Gott«, das im paulinischen Kontext wie in aktueller Zuspitzung erscheint, wird die Botschaft des Paulus dann unter den dem 13. Kapitel des 1. Korintherbriefes entnommenen Leitworten »Glaube, Hoffnung, Liebe« behandelt. Abgeschlossen wird das Kapitel über den Apostel und Heidenmissionar Paulus mit einigen Überlegungen zur Bedeutung der missionarischen Verkündigung des Evangeliums heute. Um den Abstand zu den Anfängen des Christentums zu verringern und den Bezug zur Gegenwart zu gewinnen, werden an verschiedenen Stellen auch andere Personen der Kirchengeschichte behandelt und Geschichten zum jeweiligen Thema gebracht. Dadurch soll Nähe zum Leben der Schüler/innen erreicht werden.

2. Anmerkungen zu den Materialien & Fundgrube für den Unterricht

2.1 Vorschläge für die ganzheitliche Unterrichtsgestaltung

Jeweils zu Beginn der Unterrichtsstunde werden einzelne Abschnitte der Briefe des Paulus bzw. der Apostelgeschichte gelesen, um die Schüler/innen auf diese Weise mit deren Inhalten vertraut zu machen. Auf den Karten im Anhang der Bibel können die Missionsreisen des Paulus nachvollzogen werden.

2.2 Eröffnungsseiten

Mosaiksteine, 54

Das Kapitel beginnt mit einem Text von Ernest Renan, der den Menschen Paulus charakterisiert, so wie er ihn sich vorstellt.

Methodische Möglichkeit:
Die Schüler/innen werden im Unterrichtsgespräch aufgefordert, sich die Vielschichtigkeit dieser Person vor Augen zu führen und Verbindungen zu ihnen bekannten Menschen herzustellen.

Ernest Renan, geb. 1823, gest. 1892. Französischer Orientalist, Religionshistoriker und Schriftsteller. Der schwärmerische Stil dieses Textes entspricht seiner romanhaft-sentimentalen Jesusdarstellung und Wunderdeutung, durch die er besonders bekannt wurde, und die ihm zunächst entrüstete Kritik von Seiten der Wissenschaft und der Kirche einbrachte. Später wurde er jedoch rehabilitiert und zum Mitglied der Académie francaise gewählt.

Mosaiksteine, 55

Auch das Bild von Lovis Corinth eignet sich zur ersten Begegnung mit der Person des Paulus, entweder im Zusammenhang mit dem Text von Ernest Renan oder allein. Das Bild zeigt einen begeisterten, etwas wirr aussehenden Mann mit einem großen Buch.

Die Frage ist, wie Corinth (wie schon Renan) zu seinem Bild von Paulus kommt.
Sowohl der Text wie das Bild geben offensichtlich den Eindruck wieder, den Dichter wie Maler aus ihrer Lektüre der neutestamentlichen Texte gewonnen haben. Freilich, wie Paulus wirklich ausgesehen hat, wissen wir nicht. Das Neue Testament enthält keine konkreten Angaben. Schon sehr früh allerdings haben die Leser der Briefe und der Apostelgeschichte sich über das Aussehen des Paulus Gedanken gemacht. In den »Akten des Paulus und der Thekla«, die einhundert Jahre nach seinem Tod entstanden, wird sein Aussehen folgendermaßen geschildert: »Ein Mann, klein von Gestalt, mit kahlem Kopf und krummen Beinen in edler Haltung mit zusammengewachsenen Augenbrauen und ein klein wenig hervortretender Nase, voller Freundlichkeit.« (Klaus Berger, Paulus. Beck'sche Reihe Band 2197. Verlag C.H. Beck, München)

Lovis Corinth, geb. 1858 bei Königsberg, gest. 1925 in Zandvoort. Deutscher Maler und Graphiker, der dem Impressionismus zugeordnet wird. Er schuf Porträts, Akte, Landschaften, Stillleben und mythologische und religiöse Darstellungen, anfangs in dunklen Farben, später heller, aber immer kraftvoll.

M 1 Alternative zum Bild: Mosaik von Paulus

Mögliche Interpretation: Ein Mosaik ist aus vielen kleinen Steinchen zusammengesetzt. Auch das Bildnis des Paulus ist kein naturgetreues Konterfei, sondern aus vielen Eindrücken und Überlieferungen zusammengesetzt. Hier wirkt Paulus gesetzt und streng. Ausdrucksvolle Augen blicken auf den Betrachter. Die Steinchen im Hintergrund sind wie ein Heiligenschein angebracht. Auch das deutet darauf hin, dass das Bild eine Betrachtung des Apostels Paulus im Rückblick auf seine Taten ist.

2.3 Paulus – ein ungewöhnlicher Mensch

Mosaiksteine, 56 Auch dieser Ausschnitt aus dem Roman »Der Apostel, Paulus, ein Leben« von Walter Wangerin eignet sich zum Einstieg in das Thema, um den Schülerinnen und Schülern eine Möglichkeit zu geben, die Person des Paulus als eines lebendigen Menschen wahrzunehmen. Folgendes könnte nach dem Lesen des Textes über Paulus ausgesagt werden:
- Er sah ziemlich unscheinbar aus.
- Er war handwerklich geschickt.
- Er hatte offensichtlich eine besondere Ausstrahlung.
- Er konnte Menschen durch seine Worte begeistern.
- Er hatte keine Angst vor der weltlichen Obrigkeit.

Das Bild von Seite 55 bietet eine sinnvolle Ergänzung zu diesem Text.

2.4 Von Tarsus nach Damaskus

Mosaiksteine, 57 Der Text gibt Auskunft über die Herkunft des Paulus, die Karte zeigt Orte und Landschaften, die in seinem Leben eine Rolle spielten. Seine Abstammung und seine Erziehung sind jüdisch, sein Geburtsort römisch, seine Bildung griechisch.

Methodische Möglichkeit:
- Die Schüler/innen finden auf der Karte die erwähnten Länder, Provinzen (Verwaltungsbezirke) und Orte.
- Sie fertigen eine Tabelle, in die sie die Anhaltspunkte für seine Verbindung zum Judentum, Römertum und Griechentum eintragen.

Mosaiksteine, 58

Hier werden Inhalte des jüdischen Glaubens und der jüdischen Frömmigkeit dargestellt, die Paulus als jungen Menschen prägten. Bei der Erarbeitung ist es wichtig, darauf zu achten, dass die Schüler/innen die Regeln und Vorschriften nicht generell von vornherein als sinnlos abtun, sondern ihre Berechtigung im jeweiligen Kontext verstehen. Um diesen Aspekt besonders deutlich zu machen, könnte die Hausordnung einer Schule besprochen werden.

M 2

Die Auszüge aus der Hausordnung einer Schule werden unter folgender Fragestellung besprochen:
- Welchen Sinn haben die Vorschriften?
- Was soll damit erreicht werden?

Mosaiksteine, 59

Der fiktive Brief des jungen Mannes Paulus an seine Mutter zeigt seine Verbundenheit mit dem jüdischen Glauben und seine Entschlossenheit, sich für die Einhaltung des Gesetzes einzusetzen, wenn nötig auch mit Gewalt. Die Jahreszahl 3796 ergibt sich aus der jüdischen Zeitrechnung: Die Jahre von der Weltschöpfung 3760 werden zum Jahr 0 hinzugezählt. Das Jahr, in dem Stephanus gesteinigt wurde, ist wahrscheinlich das Jahr 36 n. Chr.

2.5 Die Berufung

Mosaiksteine, 60

Ein Unterrichtsgespräch zum Thema »Vision« führt zur Nacherzählung von Apg 9,3–25. Zur Erarbeitung des Textes kann das Arbeitsblatt M 3 verwendet werden.

Die Apostelgeschichte berichtet sehr anschaulich von den Ereignissen. Paulus selbst geht an insgesamt vier Stellen – ohne konkret zu werden – auf seine Bekehrung ein: In 1 Kor 9,1 und 15,9 spricht er vom Sehen des Herrn, in Gal 1,12–16 von der Offenbarung des Sohnes durch Gott, und in Phil 4-8 spricht er wie ein Bekehrter über den Kontrast zwischen vorher und nachher. Alles Frühere hält er für Dreck um Jesu Christi willen. Von den sekundären Paulusbriefen berichtet vor allem 1 Tim 1, 12–16 von der Bekehrung des Paulus: Der Verfolger und Lästerer ist durch Gnade zum Glauben gekommen und ein Urbild künftiger Christen. (s. Berger, S. 14)

M 3

Arbeitsblatt zu Apg 9,3–25

Mosaiksteine, 61

Die Darstellung der inneren Veränderung des Paulus von Thomas Zacharias kann den Schülerinnen und Schülern helfen, das Geschehen zu begreifen.

Mögliche Interpretation:
Ein besonderes Ereignis, hier das Geblendetwerden, das Hören einer Stimme, verwirrt Paulus, er fällt zu Boden und gelangt während der dreitägigen Blindheit zu neuen Einsichten. Dieser Prozess ist im Bild durch die drei Gesichter symbolisiert.

M 4 Einen anderen Erschließungsweg bietet das Bild »Alt oder jung«. Eine neue Sichtweise verhilft zu ganz anderen Erkenntnissen.

2.6 Die Begegnung mit Christus kann immer wieder Leben verändern

Mosaiksteine, 62 Dass es immer wieder vorkommt, dass Menschen nach einem besonderen Ereignis ihr Leben verändern, zeigt das Beispiel von Franz von Assisi. Seine Visionen hatten nicht nur Auswirkungen auf sein eigenes Leben, sondern er hat damit auch viele andere inspiriert.

Mosaiksteine, 63 Ein besonders eindrucksvolles Beispiel dieser Inspiration über das klösterliche Leben hinaus sind die Bilder des Malers Joan Míro. Die Schüler/innen könnten versuchen, eigene Bilder zum Lied zu malen.

Joan Miró, geb. 1893 in Barcelona, gest. 1983 in Palma di Mallorca. Spanischer Graphiker, Maler und Bildhauer. Unter dem Einfluss des Surrealismus entwickelte Miro aus phantastischen Chiffren aufgebaute poetische Szenarien in bunten Farben.

M 5a und b Zu den im Impuls von Seite 63 genannten Personen folgt hier zunächst Material zu Teresa von Avila.

M 6a und b Material zu Albert Schweitzer

2.7 Der Apostel und seine Botschaft

Mosaiksteine, 64 Mit dieser Buchseite kehren wir zu Paulus zurück. Der Text gibt einen Überblick über das Wirken des Apostels.

Methodische Möglichkeit:
Nach dem Lesen des Informationstextes schlagen die Schüler/innen in Einzel-, Partner- oder Gruppenarbeit die genannten Briefe in der Bibel nach, lesen und finden selber heraus, mit welchen Themen Paulus bzw. die Deuteropaulinen sich beschäftigt haben.

Mosaiksteine, 65 Als Ergänzung zur Seite 57 finden sich hier Bilder, die anschaulich machen, wo Paulus unterwegs war.

Methodische Möglichkeit:
Schüler/innen beschreiben die Bilder und finden mit Hilfe der Lehrkraft die Bedeutung der abgebildeten Motive heraus. Dabei kann auf die beschwerlichen Reisewege, die griechische Baukunst, die auch der Verehrung der Götter diente, und die hoch entwickelte Kultur eingegangen werden. Vielleicht wissen Schüler/innen von Reisen in jene Länder zu berich-

ten (s. dazu Reinhold Then, »Mit Paulus unterwegs« und »Paulus – Apostel der Völker«).

2.7.1 Gerechtigkeit vor Gott

Mosaiksteine, 66 f

Im Folgenden werden einige entscheidende Aspekte der paulinischen Theologie angesprochen. Auf dieser Doppelseite geht es zunächst um die Gerechtigkeit vor Gott, die aus jüdischer Sicht durch die Einhaltung des Gesetzes erlangt werden kann. Paulus hingegen zeigt den Weg der Gnade auf. Auf die komplizierte und nicht einheitliche Reflexion des Paulus über das Gesetz (vgl. z.B. Gal 3 mit Röm 7) kann im vorgegebenen Rahmen nicht eingegangen werden. Es sollte aber darauf geachtet werden, dass kein Zerrbild des jüdischen Glaubens als einer Religion der Gesetzlichkeit vermittelt wird. Das Gesetz ist Forderung und Geschenk zugleich.

Methodische Möglichkeit:
Schüler/innen lesen den Text mit verteilten Rollen und beantworten dann die Fragen unter dem Text entweder schriftlich in Partnerarbeit oder mündlich im Unterrichtsgespräch.
Die Ergebnisse werden im Heft festgehalten.
Mögliche Antworten auf die fünf Fragen zum Text sind:

1. Die Angehörigen des Bundesvolkes Israel gelangten zum Heil, also zur Gerechtigkeit vor Gott, dadurch, dass sie das Gesetz befolgten.
2. Christen gelangen durch den Glauben an Gott zur Gerechtigkeit vor Gott, d. h. sie finden durch den Glauben Gnade vor Gott.
3. Im Gleichnis von den Arbeitern im Weinberg (Mt 20,1–16) erhalten die Arbeiter nicht den Lohn für ihre Arbeit, sondern den Lohn, den sie brauchen, um mit ihren Familien leben zu können, also erhalten sie, was Gott für gerecht hält.
   Im Gleichnis vom verlorenen Sohn (Lk 15,11–32) heißt der Vater seinen verschwenderischen Sohn willkommen, weil er zu ihm zurückkehrt.
4. Abram fühlt sich befreit, weil er keine Angst mehr davor haben muss, nicht alle Vorschriften des Gesetzes einhalten zu können.
5. Schüleräußerungen

Aktion

Nachdem der Text auf diese Weise erarbeitet worden ist, können die Schüler/innen ihn als Rollenspiel darstellen, wobei sie ihre eigenen Worte benutzen. Dies ist gleichzeitig eine Möglichkeit der nochmaligen Überprüfung des Verständnisses von Gerechtigkeit im paulinischen Sinn. Bei der später folgenden Behandlung des Apostelkonzils tritt dieses Problem im Zusammenhang mit der Heidenbekehrung erneut auf.

Mosaiksteine, 68 f

Die Geschichte von Werner Bergengruen, »Die Frau des Fischers«, ist eine Übertragung des Rechtfertigungsgedankens des Paulus auf eine alltägliche Situation. Die Geschichte und das Bild helfen den Schülerinnen und Schülern diesen Gedankengang auch außerhalb des unmittelbar religiösen Kontextes zu verstehen. Bei geeigneten Klassen lohnt es sich, die Novelle als Ganzschrift zu lesen.

Werner Bergengruen, geb. 1892 in Riga, gest. 1964 in Baden-Baden. Deutscher Schriftsteller, dessen Werke häufig historische Stoffe mit religiöser Thematik behandeln.

2.7.2 Glaube, Hoffnung, Liebe

Mosaiksteine, 70 ff Auf den folgenden Seiten werden Glaube, Hoffnung, Liebe aus paulinischer Sicht in den Blick genommen. Will man nicht jeden Aspekt dem Buch folgend behandeln, bietet es sich je nach Klassensituation auch an, die aus den Seiten 71, 72 und 73 erstellten Arbeitsblätter zur arbeitsteiligen Gruppenarbeit zu verwenden (M 7, M 8, M 9).

Methodische Möglichkeit:
Die Schüler/innen erarbeiten anhand der Texte selbstständig die Bedeutungen von Glaube, Hoffnung und Liebe bei Paulus.

M 7, M 8, M 9 Arbeitsblätter zur arbeitsteiligen Gruppenarbeit zu Glaube, Hoffnung und Liebe bei Paulus.

Mosaiksteine 71 Das Bild von August Macke stellt eine Zirkusszene dar, in der Gefahr, Anspannung und Sensationslust die Atmosphäre prägen.

August Macke, geb. 1887 in Meschede, gest. 1914 in der Champagne. Deutscher Maler, der in seiner Kunst von Pariser Malern wie Cézanne, Delaunay und den Fauves beeinflusst wurde, später Mitglied des »Blauen Reiter«. In vielen seiner Bilder spielt das Licht eine große Rolle.

Mögliche Interpretation:
Die Geschichte vom Artisten auf dem Seil zeigt das grenzenlose Vertrauen eines Kindes zu seinem Vater. Bei Paulus ist mit Glaube ein grenzenloses Vertrauen zu Gott gemeint.

Methodische Möglichkeit:
Die Schüler/innen malen nach dem Lesen und Besprechen der Geschichte ein eigenes »Glaubensbild«.

Mosaiksteine, 73 Die doppelte Bedeutung von Hoffnung, einerseits auf ein Leben nach dem Tod, anderseits auf eine bessere diesseitige Welt kommt im Lied »Kleines Senfkorn Hoffnung« zum Ausdruck. Zur Veranschaulichung könnte ein Senfkorn (oder ein anderer Samen) mitgebracht werden.

Methodische Möglichkeit:
Die Hoffnung macht aus den kleinen Dingen – einem Senfkorn, einem Funken, einer Träne – eine große, wunderbare Sache, wenn sie vom Glauben getragen ist. Auch hier könnten die Schüler/innen kreativ arbeiten, indem sie zu jeder Strophe ein Bild malen.

Das Bild von Gustav Klimt ist ganz und gar auf die diesseitige Hoffnung gerichtet, nämlich, dass immer wieder neues Leben, neue Früchte, entstehen, symbolisiert durch die vorherrschende Farbe Grün.

Gustav Klimt, geb. 1862 bei Wien, gest. 1918 in Wien. Der österreichische Maler und Zeichner ist der bedeutendste Vertreter des Wiener Jugendstils. Er malte mosaikartige Flächenornamentik.

Mosaikseine, 74 f Die Bilder auf dieser Seite sollen die Schüler/innen zum Erzählen anregen. Gibt es eigene Erlebnisse und Erfahrungen?

Methodische Möglichkeiten:
Das Gedicht von Lothar Zenetti wird ins Heft übertragen und als Schmuckblatt gestaltet. Meditative Musik untermalt die Stillarbeitsphase. Das Gedicht eignet sich zum Auswendiglernen.

2.8 Paulus, der Heidenmissionar

Mosaiksteine, 76 Hier wird auf ein entscheidendes Ereignis in der Geschichte des Urchristentums, das so genannte Apostelkonzil, eingegangen. Paulus wird zum Heidenmissionar und die christliche Kirche durch ihr Heraustreten aus dem Verband des Judentums und die Missionierung der Völker zur weltumspannenden Kirche.

Methodische Möglichkeiten:
- Die Schüler/innen arbeiten in Partnerarbeit die beiden dort vertretenen Standpunkte heraus und halten das Ergebnis als Voraussetzung für jede weitere Verbreitung des Christentums fest.
- In einem Rollenspiel vertreten Schüler/innen die im Text dargestellten Standpunkte.

Mosaiksteine, 77 links Zunächst wird vom Ende des Paulus berichtet und dann davon erzählt, wie der christliche Glaube sich weiter ausgebreitet hat. (siehe dazu auch Mosaiksteine für die 5. Jahrgangsstufe, Seite 104–107)

Mosaiksteine, 77 rechts Dieser Artikel soll bewusst machen, dass Mission durchaus nicht nur in eine Richtung läuft, also von uns zu anderen, sondern dass auch andere eine Bereicherung für uns sein können. Vielleicht können Schüler/innen von ähnlichen Erfahrungen berichten.

2.9 Mission heute

Mosaiksteine, 78 Hier wird ein ungewöhnliches Missionsprojekt vorgestellt, was jedoch verdeutlicht, wo überall Arbeit im Sinne des Evangeliums geleistet werden kann.

Methodische Möglichkeit:
Die Situation wird nachgestellt und die Empfindungen und Erfahrungen der Schüler/innen werden thematisiert.

M 10 Dieses Material beschreibt ein weiteres Feld von Missionsarbeit.

M 11/12 Mit Hilfe des Kreuzworträtsels und des Lückentextes kann das Wissen über das Leben des Paulus überprüft werden.

3. Andere Materialien

- Bergengruen, Werner: Das Netz, Verlag Hans Richarz, St. Augustin, 1985
- Berger, Klaus: Paulus, Verlag C. H. Beck, München 2002
- Wangerin, Walter: Der Apostel, Paulus, ein Leben, Diana Verlag München, Zürich, 2003
- Then, Reinhold: Mit Paulus unterwegs, Verlag Katholisches Bibelwerk, Stuttgart 2003
- Baumann, Gerhard u. a. (Hrsg.): Paulus – Apostel der Völker, Stationen 9, Ev. Presseverlag Pfalz GmbH, Speyer 1990

M 1

Mosaik aus der Erzbischöflichen Kapelle am Dom in Ravenna

M 2

Hausordnung

Sehr unterschiedliche Menschen verbringen viele Stunden miteinander in unserer Schule und erfüllen ihre Aufgaben. Schüler/innen, Lehrkräfte und Bedienstete verfolgen ein Ziel: Junge Menschen sollen eine verantwortungsvolle Erziehung und die best mögliche Bildung erhalten. Damit wir diesem Anspruch gerecht werden können, müssen sich insbesondere die Schüler/innen und die Lehrkräfte um ein angenehmes Schulklima bemühen und ihre Aufgaben zuverlässig erfüllen. Unentbehrliche Grundlage sind höfliches, rücksichtsvolles Verhalten aller, ein angemessener Umgangston und ein ansprechendes, sauberes Schulhaus.

Damit das Zusammenleben gelingt, treffen Schüler/innen, Lehrer/innen und Eltern im einzelnen folgende Vereinbarungen:

Allgemeines Verhalten

1. Nur in einer gepflegten Schulanlage können sich Schüler/innen und Lehrer/innen wohlfühlen. Es sind daher alle aufgefordert, auf Ordnung und Sauberkeit zu achten.

2. Alle bemühen sich um ein faires, respektvolles, hilfsbereites Verhalten.

3. Für Wertsachen und Freizeitgeräte wie Skateboards und Kickboards übernimmt die Schule keine Haftung.

4. Das Verlassen der Schulanlage während der Unterrichtszeit ist nur mit ausdrücklicher Genehmigung einer Lehrkraft oder der Schulleitung gestattet.

5. Beschädigungen von Einrichtungsgegenständen sind unverzüglich der Klassenleiterin/dem Klassenleiter oder im Sekretariat zu melden. Schuldhafte Beschädigungen gehen zu Lasten des Verursachers.

6. Diebstahl wird geahndet.

7. Der Konsum von Drogen und alkoholischen Getränken sowie das Rauchen sind Schüler/innen innerhalb der Schulanlage verboten.

8. Um Verletzungen zu vermeiden, dürfen keine gefährlichen Gegenstände wie Messer oder Tränengasspray in die Schule mitgebracht werden. Außerdem ist auf dem Schulgelände das Werfen von Schneebällen untersagt.

M 3

1. Wo hatte Paulus seine Vision? ____________________

2. Warum zog er an diesen Ort? ____________________

3. Was geschah plötzlich? ____________________

____

4. Wer sprach zu Paulus? ____________________

5. Was war die Folge des Geschehens? ____________________

____

6. Wer waren die Zeugen? Was nahmen diese wahr?

____

7. Wer war Hananias? ____________________

8. Was tat Paulus in der Stadt? ____________________

____

Lösung: 1. Vor Damaskus. 2. Er verfolgte die Christen. 3. Er wurde von Licht geblendet, fiel zu Boden und hörte eine Stimme. 4. Jesus. 5. Paulus war drei Tage lang blind. 6. Seine Begleiter hörten nur die Stimme. 7. Er war ein Jünger Jesu. 8. Er ließ sich taufen und verkündete das Evangelium.

aus: Hartmut Fischer (Hrsg.), Materialien Paulus, Sekundarstufe I. Ernst Klett Verlag, Stuttgart 1993

M 4

M 5a

Teresa von Avila *(1515–1582) wurde 1970 als erste Frau von Papst Paul VI als Kirchenlehrerin anerkannt. In ihrer Zeit durfte sie als Frau keine Universität besuchen, sie las jedoch die Schriften geistlicher Meister der Kirche und war mit den bedeutendsten Theologen und Wissenschaftlern ihrer Zeit befreundet. Damit prägte sie ein ganz neues Frauenbild in einem rein von Männern beherrschten Staats- und Kirchenwesen. Ihr besonderes Anliegen war, sich und anderen eine Möglichkeit zu schaffen, mit Gott im Gespräch zu sein.*

Teresa von Avila

Im Jahre 1515 wird Teresa in Avila in Spanien geboren. Ihr Vater ist ein gütiger, ernster Mann, der sich zusammen mit seiner immer kränkelnden Frau bemüht, seine elf Kinder im Geiste des Evangeliums zu erziehen. Im großen Kreis der Vettern und Basen ist Teresa wegen ihrer fröhlichen, Anteil nehmenden Art sehr beliebt. Mit sechzehn Jahren tritt sie jedoch als Zögling in das Augustinerinnenkloster Santa Maria de Gracia in Avila ein. Teresa wird hin- und hergerissen zwischen der Freude an der Welt und dem Wunsch, Gott nahe zu sein. Als sie im Jahre 1532 schwer erkrankt, verlässt sie zunächst das Kloster, tritt aber nach überwundenen Zweifeln 1535 in ein anderes nahe bei Avila gelegenes Kloster wieder ein. Auch hier hat sie viele innere Kämpfe auszustehen und wiederum wird sie von schwerer Krankheit heimgesucht. 1539 liegt sie drei Tage wie tot da und ist danach drei Jahre lang gelähmt. Trotzdem erstaunt sie ihre Besucher durch die Ausstrahlung innerer Freude und Geduld. Während dieser Zeit übt sie sich auch in Einsamkeit, Meditation und geistiger Versenkung. Sie sucht die Liebe Gottes zu begreifen. Nachdem ihr Gesundheitszustand sich gebessert hat, kommen die Zweifel wieder und sie sehnt sich vergeblich nach geistiger Führung.

Ein Erlebnis rüttelt sie auf: Beim Betrachten eines Christusbildes in ihrem Kloster sieht sie den von Wunden entstellten Herrn und sie erkennt ihren Mangel an Hingabe. Dieses Erlebnis und die Lektüre der »Bekenntnisse« des heiligen Augustinus, in denen sie ihre eigenen Nöte geschildert sieht, geben ihr die weitere Richtung an. Immer häufiger sieht sie jetzt innerlich Christus, besonders als den Auferstandenen. Diese bildhaften und intellektuellen Visionen, die sie 1577 in ihrem Buch »Innere Burg« beschreibt, geben ihr Kraft auf dem Weg des Gebets. Dort sagt sie zwar, dass es im geistlichen Leben nicht auf außerordentliche Phänomene ankomme, sie selber aber dankbar für Gottes Führung sei. Ihm stehe es frei, durch welche Mittel er die Menschen an sich zieht. Als sie von ihren Visionen berichtet, misstrauen ihr Priester und Gelehrte, die Leute lachen sie aus und viele bezichtigen sie der Anmaßung und Täuschung. Für Teresa jedoch bedeutet den Weg des Gebets zu beschreiten, »den Dienst der Liebe zu beginnen, denn wie mir scheint, tun wir nichts anderes, wenn wir uns entschließen, auf dem Wege des Gebetes dem zu folgen, der uns so sehr geliebt hat.«

1562 gründet Teresa von Avila ein kleines Reformkloster nach den ursprünglichen Regeln der Karmeliten. Der Name Karmel bezieht sich auf einen Gebirgszug in Palästina. Dort empfing der alttestamentliche Prophet Elija eine Gottesoffenbarung, die Vorbild für das Leben von Einsiedlern mit den vier Stufen Armut, Gehorsam, Einsamkeit und Liebe zu Gott wurde. Teresa von Avila reformiert den Orden dahingehend, dass Einsamkeit und Gemeinschaft das Leben weniger Schwestern prägen.

M 5b

Anleitung zum Beten

Mit Hilfe verschiedener Bilder versucht Teresa von Avila die Seele, das Innerste des Menschen zu beschreiben: als eine Burg, die viele Wohnungen und Gemächer hat, oder als einen Kristall oder einen Garten. Sie schildert die Schönheit dieser inneren Welt und ermutigt immer wieder dazu, sich der Mühe der Hinwendung nach innen, in diese Innenräume der Seele, nicht zu entziehen, da sie einen so wertvollen Schatz bergen. Im Innersten der Burg weilt für Teresa der König, die Sonne. Das sind Bilder für Gott, den Teresa im Innersten ihrer Seele als Auferstandenen gegenwärtig erfährt. Diese Gegenwart Gottes im Menschen, in jedem von uns, will Teresa bewusst machen. Inneres Gebet, wie sie das persönliche Gebet nennt, ist für sie nichts anderes als die Bewusstwerdung der Gegenwart Gottes: wer der ist, mit dem ich rede, und wer ich bin.

Foto: Elija Boßler

Damit sind die wesentlichen Merkmale des inneren Gebetes angesprochen: Einerseits führt es den Menschen zur Erkenntnis seiner Nichtigkeit angesichts der Größe Gottes und andererseits erfährt er die Herrlichkeit und Barmherzigkeit Gottes, die ihn seine Armseligkeit überwinden lassen.

Wenn der Mensch diese Grundwahrheit erkennt, dann wandelt er in Demut, die für Teresa nichts anderes meint, als Wandeln in Wahrheit. Sie ist das Fundament geistlichen Lebens.

In heutigen Meditationen, in denen es darum geht, den Menschen durch schweigendes Beten oder Versenkung mit seinem Innersten zu verbinden, gilt Teresa von Avila oftmals als Vorbild.

M 6a

Albert Schweitzer (1875–1965) war ein evangelischer Pfarrer mit vielfältigen wissenschaftlichen und musischen Interessen, der jedoch auf eine viel versprechende berufliche Laufbahn verzichtete, um anderen Menschen zu helfen. Er versuchte, sein Leben in der Nachfolge Jesu zu führen.

Von einer behüteten Kindheit zum verantwortungsvollen Leben

SV-Bilderdienst

Albert Schweitzer wird am 14. Januar 1875 im Elsass geboren. Die Familie zieht jedoch gleich darauf nach Günsbach, einem kleinen Dorf im Münstertal, wo der Vater eine Pfarrstelle annimmt. Albert geht nicht gern zur Schule. Besonders schwer fällt es ihm, dass er anders ist als die anderen Jungen, deren Väter Bauern und Handwerker sind und denen es deshalb nicht so gut geht wie ihm. Schon früh entwickelt er ein tiefes Verständnis für die Menschen und für die Natur.
Albert ist ein sehr guter Orgelspieler und gibt bereits mit 15 Jahren sein erstes Konzert. Auch während des Studiums der Philosophie und Theologie lässt er sich weiter im Orgelspiel ausbilden. In den Ferien zieht es Albert Schweitzer immer wieder nach Günsbach. Einmal, es ist zu Pfingsten 1886, liegt er frühmorgens noch im Bett. Das Fenster steht offen. Draußen blühen die Bäume, die Vögel singen und es duftet herrlich nach Frühling. Albert ist glücklich. Es geht ihm wirklich gut. Er darf machen, was ihm Spaß macht: Studieren und Orgelspielen. Das ist nicht selbstverständlich. Es gibt viele Menschen, die sich so etwas niemals leisten können. Er empfindet das als großes Geschenk, für das er dankbar ist. Gerne möchte er für das Glück, das ihm zuteil wird, etwas geben. Immer wieder geht ihm das Wort Jesu durch den Kopf. »Wer sein Leben erhalten will, der wird es verlieren; wer aber sein Leben verliert um meinetwillen, der wird es erhalten.« Albert braucht nicht lange nachzudenken. »Wenn ich dreißig Jahre alt bin, will ich mein bisheriges Leben aufgeben und ein neues beginnen. Dann will ich ganz für andere Menschen da sein und ihnen helfen.« Noch weiß er nicht, wie diese Hilfe aussehen könnte.
Zunächst setzt er sein Studium fort, schreibt Doktorarbeiten in Philosophie und Theologie und nimmt eine Stelle als Vikar in Straßburg an. Daneben schreibt er ein Buch über Johann Sebastian Bach. Eines Tages liegt auf seinem Schreibtisch ein Heft der Pariser Missionsgesellschaft mit einem Artikel unter der Überschrift: »Was die Kongomission unbedingt braucht.« Albert Schweitzer liest über die Zustände in Zentralafrika und darüber, dass dort vor allem Ärzte fehlen. Die Menschen leiden dort unter schrecklichen Krankheiten. Der Artikel schließt mit dem Aufruf: »Wo sind Menschen, die sich für diese Aufgabe zur Verfügung stellen?« Wir haben die Hoffnung, dass sich vielleicht jemand findet; jemand, der auf Jesu Ruf »Folge mir nach!« antwortet: »Herr, ich mache mich auf den Weg.« Als Albert Schweitzer fertig gelesen hat, weiß er: Er hat endlich gefunden, was er gesucht hat. Sein Entschluss steht fest: Er will nach Afrika gehen und als Arzt den Menschen helfen.
Neben seiner Pfarrertätigkeit studiert er nun Medizin. In jener Zeit heiratet er und geht 1913 mit seiner Frau nach Lambarene, wo sie ein Urwaldkrankenhaus gründen.

aus: Religionspädagogisches Heft 1/93 A: RU in der Synode – Albert Schweitzer. Hrsg. von der Ev. Kirche in der Pfalz, Speyer 1993, S. 43f

M 6b

Immer wieder kehrte Albert Schweitzer nach Europa zurück, um Gelder für sein Urwaldkrankenhaus aufzutreiben. Während seiner Aufenthalte hielt er viele Vorträge, um den Menschen das Leid in Afrika vor Augen zu führen und ihre Hilfe zu erbitten.

Ansprache vor Schulkindern im Jahre 1930

Wenn ich heute hier in Europa zu euch Kindern spreche, so denke ich dabei an die vielen Kinder in Äquatorialafrika in meinem Spital in Lambarene. Diese Kinder führen ein so ganz anderes Leben als ihr. Unbeschwert von Kleidung springen die ganz Kleinen umher. Die etwas Größeren tragen einen kleinen Lendenschurz oder ein Hängekleidchen. Es ist ja immer warm dort unter dem Äquator. Schöne Spielsachen, wie ihr sie hier habt, kennen die Kinder dort nicht. Sie spielen mit Steinen, Pflanzen und Tieren. Oft ist ein zahmer Affe ihr bester Spielkamerad. Die Eltern drüben lieben ihre Kinder genauso wie eure Eltern euch lieben, und sie freuen sich, wenn ihre Kleinen gesund und glücklich sind. Aber wenn diese Kinder krank sind – und das ist oft in dem feuchtheißen Klima der Urwaldniederungen – dann kann die Mutter nicht schnell mit ihnen zum nächsten Arzt laufen, der ihnen ihre Schmerzen nimmt und sie wieder gesund macht. Oft müssen sie mehrere Tage oder gar wochenlang reisen, bis sie bei uns im Spital ankommen. Und die ganze Zeit der Reise haben sie ihre Schmerzen auszuhalten, ohne ein schmerzlinderndes Mittel, denn das gibt es nicht. Auch Pflaster oder Verbandszeug, um die Wunden der Kinder zu verbinden, kennt die schwarze Mutter nicht. Sie kann höchstens einen Verband aus grünen Blättern machen, den sie mit Bastfasern festbindet. Sehr häufig werden Kinder von der Frambosia- oder Himbeerkrankheit befallen. Dann bedeckt sich sehr schnell der ganze Körper mit kleinen Geschwüren, die ähnlich wie Himbeeren aussehen. Die Kranken wissen nicht mehr, wie sie sitzen oder liegen sollen, überall tut es weh. Noch viele andere Krankheiten, die ich euch nicht alle hier aufzählen kann, gibt es bei uns unter den Kindern, und sie haben oft sehr zu leiden. Wir aber sind froh, dass wir ihnen immer wieder helfen können. Das können wir aber nur, weil in Europa so viele Menschen sind, die mir durch ihre großen und kleinen Gaben die Mittel dazu geben. Auch jedes kranke und mutterlose Tier, das in mein Spital gebracht wird, findet hier Aufnahme und Pflege. Das Spital soll allem Leben, das in Not ist, helfen und damit soll es zugleich ein Beispiel sein für alle Menschen, die – da, wo das Leben sie hingestellt hat – den Gedanken der »Ehrfurcht vor dem Leben« befolgen können und sollen. Auch ihr Kinder könnt »die Ehrfurcht vor dem Leben« selber ausüben, indem ihr nie unnötig Schmerz bereitet und nie ohne dringende Notwendigkeit anderes Leben vernichtet, sondern stets allem Leben, das in Not ist, ob Mensch oder Tier, helft so gut ihr könnt. Ich danke euch, dass ihr mir dabei helfen wollt, die Gedanken der »Ehrfurcht vor dem Leben« in der Welt zu verbreiten.

- Seit jener Zeit hat sich auch in Afrika viel verändert. Trotzdem leiden die Menschen dort immer noch schwer unter Krankheiten. Wie lassen sich Albert Schweitzers Gedanken und Taten auch heute noch verwirklichen?

M 7

Glaube

- Im Folgenden findest du verschiedene Aussagen zum Glauben. Lies sie durch, besprich das Gelesene mit den Mitgliedern deiner Gruppe und formuliert dann mit eigenen Worten, was Wesensmerkmale christlichen Glaubens sind.

Glauben heißt: durch den Horizont blicken.
Afrikanisches Sprichwort

Wenn du mit deinem Mund bekennst: »Jesus ist der Herr«,
und in deinem Herzen glaubst: »Gott hat ihn von den Toten auferweckt«,
so wirst du gerettet werden.
Röm 10,9 und 10

In einem Glaubensbekenntnis aus Guatemala, einem Land, in dem lange Jahre eine grausame Militärdiktatur herrschte, wird der Geist des Glaubens in folgenden Worten ausgedrückt:

Gott unser Vater,
wir glauben an Jesus von Nazareth
und hoffen auf ihn,
den auferstandenen Menschen,
den wahren, den freien Menschen,
den Verkünder der Freiheit,
den Befreier vom Bösen und vom Tod.
Er hat uns gesagt:
Wer sein Leben retten will,
der wird es verlieren;
wer sein Leben verlieren kann,
der wird es bekommen.
Er hat uns gesagt,
dass wir uns nicht fürchten sollen vor denen,
die nur den Leib töten können;
dass wir viel mehr wert sind
als die Vögel unter dem Himmel.
In seinem Namen und in seiner Kraft
reden wir frei.
Durch ihn haben wir einen neuen Grund zu leben.
Amen

M 8

Hoffnung

- Im Folgenden findest du verschiedene Aussagen zur Hoffnung. Lies sie durch, besprich das Gelesene mit den Mitgliedern deiner Gruppe und formuliert dann mit eigenen Worten, was Hoffnung für Paulus bedeutet.

Der Gott der Hoffnung aber erfülle euch mit aller Freude und mit allem Frieden im Glauben, damit ihr reich werdet an Hoffnung in der Kraft des Heiligen Geistes.
Röm. 15,13

Denkt jeden Tag daran, dass Christus kommt.

Liebe Brüder und Schwestern, ihr fragt euch sicher sehnsüchtig: Wann wird Jesus wiederkommen? Und manche von euch haben alles andere bereits aufgegeben, ja sie arbeiten nicht einmal mehr und warten nur noch auf diesen Tag. Da jedoch bereits viele Tage, Wochen und Jahre vergangen sind, seit Christus von uns gegangen ist und nachdem auch schon einige Gemeindemitglieder verstorben sind, gerät eure Hoffnung ins Wanken. Manche unter euch drohen Mut und Glaube zu verlassen.

Ich aber versichere euch: Jesus kommt überraschend und unausweichlich wieder. Resigniert nicht und steigert euch nicht in eine übertriebene Erwartungshaltung hinein. Wer an Christus glaubt und daran, dass er von den Toten auferstanden ist, der lebt nicht im Dunkeln, sondern im Licht. Gestaltet eure Gegenwart hoffnungsvoll! Seid wach und sensibel für eure Mitmenschen!
Nacherzählung von 1 Thes 5,1–11

Denn ich bin gewiss,
dass weder Tod noch Leben,
weder Engel noch Mächte noch Gewalten,
weder Gegenwärtiges noch Zukünftiges
weder Hohes noch Tiefes noch eine andere Kreatur
uns scheiden kann von der Liebe Gottes,
die in Christus Jesus ist, unserem Herrn.
Röm 8,38 und 39

M 9

Liebe

- Im Folgenden findest du verschiedene Aussagen zur Liebe. Lies sie durch, besprich das Gelesene mit den Mitgliedern deiner Gruppe und formuliert dann mit eigenen Worten, was Liebe für Paulus bedeutet.

Du sollst den Herrn, deinen Gott, lieben mit ganzem Herzen, mit ganzer Seele und mit all deinen Gedanken und du sollst deinen Nächsten lieben wie dich selbst.
Mt 22,37 und 39

Der Geist der Liebe soll euch leiten:

Es gibt viele Menschen, die anderen helfen: z. B. Entwicklungshelfer in Afghanistan, Sozialarbeiter in Obdachlosenheimen, Krankenschwestern in Kliniken, Zivildienstleistende überall im Land. Unzählige Menschen denken nicht nur an sich selbst, sondern sind für andere da. Auch ehrenamtliche Helfer opfern ihre freie Zeit in Kirchengemeinden und Hilfsorganisationen. In unserer Welt sähe es sicher noch trostloser aus, gäbe es solche Einsatzbereitschaft nicht.
Und doch frage ich: Warum tun wir das? Wenn wir ehrlich sind, ertappen wir uns vielleicht dabei, dass wir es genießen, wenn unser Einsatz von anderen bewundert wird, oder wir stellen fest, dass wir abenteuerlustig oder machthungrig sind.

Gäben wir dem anderen wirklich uneigennützig das, was er braucht, so täten wir es aus Liebe. Aller Einsatz und alle Hingabe für eine Sache nützten nichts ohne Liebe. Wo können wir diese uneigennützige Liebe lernen? – Nur in der Begegnung mit Jesus Christus, der aus Liebe zu uns sein Leben aufs Spiel gesetzt hat. Wer diese Liebe erfährt, lernt zu lieben.

Bei aller Hilfsbereitschaft, bitte ich euch auch, bleibt bescheiden! Kennt ihr wirklich die volle Wahrheit über alles, habt ihr die rechte Erkenntnis gepachtet? Trefft ihr mit eurer Meinung genau den Punkt? Nein! Eure Erkenntnis, eure Wahrheit und eure Meinung sind Stückwerk. Gesteht euch eure Begrenztheit ein. Dann werdet ihr aufmerksam und barmherzig anderen zuhören und von einander lernen können. Deshalb ermahne ich euch eindringlich: Vergesst nicht: Es bleiben Glaube, Hoffnung, Liebe, die drei; aber die Liebe ist die größte unter ihnen.

Auslegung von 1. Kor 12,31b–13,13

M 10

Brot und Hoffnung – Spendenaufruf für Liberia

Die vergangenen Monate waren für die Menschen in Liberias Hauptstadt der reine Terror. Viele waren aus den Dörfern in das vermeintlich sichere Monrovia geflüchtet. Mit dem, was sie tragen konnten, mit den Kindern und den Alten. Mehr als 200.000 Menschen suchten Zuflucht in der zerstörten Stadt. Wasser und Strom gab es seit Jahren nicht mehr. Dann kam der Angriff auf Monrovia. Rebellen begannen heftige Kämpfe mit Regierungstruppen. Tagelang konnten sich die Bewohner nicht mehr auf die Straße wagen. In den Läden gab es nichts mehr zu kaufen.

Auch Sue Telewoda konnte kein Mehl mehr auftreiben. Sie ist über 60 Jahre alt, Mitglied der lutherischen Gemeinde und betreibt eine kleine Bäckerei in Monrovia. Mit ihrem Brot versorgt sie die ganze Umgebung. »Für mich ist nicht das Schlimmste, wenn mich eine Kugel trifft«, sagt Sue Telewoda, »denn ich habe mein Leben in Gottes Hände gelegt. Das Schlimmste für mich ist, wenn die Menschen zu mir kommen, und ich ihnen kein Brot geben kann.«

Denn die Menschen kommen Tag für Tag und fragen nach Brot. Sie kommen aber auch einfach so vorbei, denn Sues Tür steht immer allen offen: Kindern, Nachbarn, Freunden aus der Gemeinde. Sie suchen Rat und Hilfe. Oder manchmal einfach nur einen Platz zum Ausruhen. Viele Tage lang blieb die Tür verschlossen. Keiner traute sich mehr auf die Straße aus Angst vor den Granaten und Schüssen. Viele sind geflohen. Dann hat Sue doch wieder Mehl gefunden, wenn auch doppelt so teuer als sonst. »Dass ich wieder Brot backen kann, ist für mich wie ein Wunder«, freut sie sich. Niemanden braucht sie mehr hungrig fortzuschicken.

So wie Sue Telewoda wollen sich viele Menschen am Aufbau ihres Landes beteiligen. Sie hoffen auf eine friedliche Zukunft. Aber ihnen fehlt es immer noch am Nötigsten. Nahrung, Wasser, Kleidung, Baumaterial, Medikamente, Werkzeug – alles ist Mangelware in dem vom Bürgerkrieg gezeichneten Land.

aus: Zeit für Mission. Zeitschrift des Missionswerks der Evang.-Luth. Kirche in Bayern, Neuendettelsau. Ausgabe Nr. 5, September/Oktober 2003, S. XII

M 11

Wenn du alle Fragen richtig beantwortet hast, erhältst du in den umrandeten Feldern eine Bezeichnung für Paulus, die etwas über seine Tätigkeit sagt.

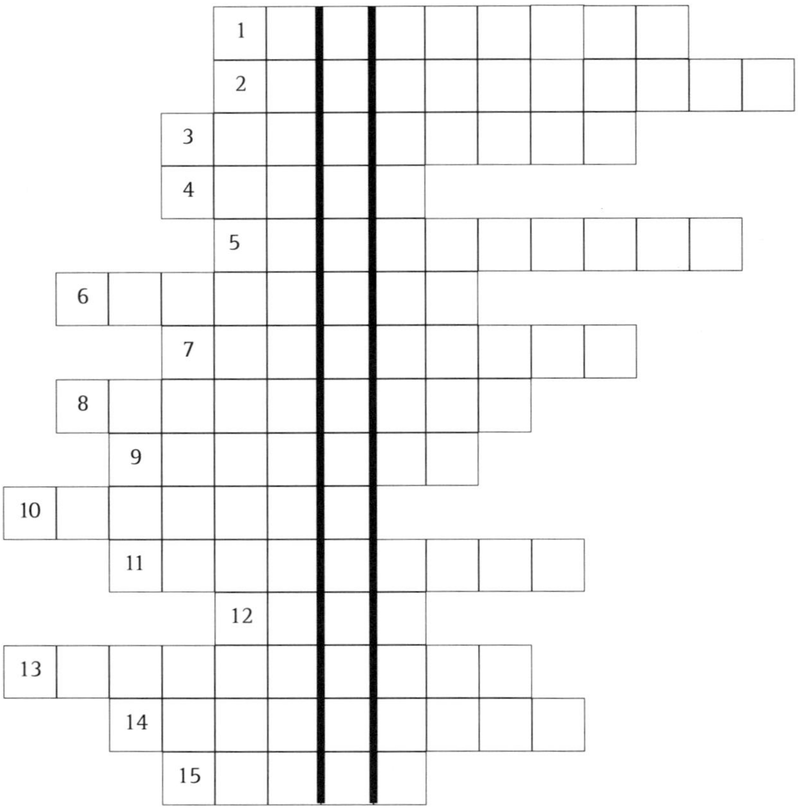

1. Wen verfolgte Paulus vor dem Damaskuserlebnis?
2. Was war Paulus von Beruf?
3. Wie hieß der Christ, dessen Sklave geflohen ist?
4. Was war Paulus seiner religiösen Herkunft nach?
5. Wo erhielt Paulus seine Ausbildung?
6. In welcher Stadt gründete Paulus unter anderem eine Gemeinde?
7. Vor welcher Stadt hatte Paulus seine Vision?
8. Wie heißt der Sklave, der zu Paulus floh?
9. Wie heißt die Stadt, in der Paulus geboren wurde?
10. Welchen zweiten Namen kennst du für Paulus?
11. Wen hat Paulus nach seinen eigenen Aussagen bei der Bekehrung gesehen?
12. Welches war der letzte Aufenthaltsort des Paulus?
13. Was gründet Paulus?
14. Wessen Schüler war Paulus wahrscheinlich?
15. Was studierte Paulus?

Lösung: 1 Christen, 2. Zeltmacher, 3. Philemon, 4. Jude, 5. Jerusalem, 6. Korinth, 7. Damaskus, 8. Onesimus, 9. Tarsus, 10. Saulus, 11. Christus, 12. Rom, 13. Gemeinden, 14. Gamaliel, 15. Tora, **Heidenmissionar**

aus: Zeit für Mission. Zeitschrift des Missionswerks der Evang.-Luth. Kirche in Bayern, Neuendettelsau. Ausgabe Nr. 5, September/Oktober 2003, S. XII

M 12

Paulus – ein Leben, das von Gottes Geist verändert wurde

Paulus wurde im Jahr ______ in _____________ geboren. Von Geburt aus war er _______________, er sprach jedoch zunächst _______________. Außerdem besaß er das ________________ Bürgerrecht. Seiner religiösen Bildung nach war er ein angesehenes Mitglied in der Gruppe der ________________. Mit großem Eifer trat er für das jüdische ________________ ein und bekämpfte alle Abweichler. Als junger Mann schloss er sich ganz überraschend den ___________ an. Er behauptete, dass ihm auf dem Weg nach _______________ Jesus Christus erschienen war. Nach seiner Bekehrung, flüchtete er zunächst vor seinen Verfolgern nach ______________. Danach begann er als _____________ zu wirken. In _________________, _________________ und _________________ gründete er christliche ________________, mit denen er _________________ in Kontakt blieb. Obwohl er beim __________________ in ________________ im Jahre _________ offiziell den Auftrag zur Heidenmission erhielt, blieben viele Judenchristen ihm gegenüber kritisch eingestellt. Wegen eines Zwischenfalls wurde Paulus um das Jahr _____________ in Jerusalem verhaftet und nach ______________ gebracht. Dort verliert sich seine Spur.

0, Tarsus, Jude, Griechisch, römische, Pharisäer, Gesetz, Christen, Damaskus, Arabien, Apostel, Palästina, Syrien, Kleinasien, Gemeinden, brieflich, Apostelkonzil, Jerusalem, 48 nach Christus, 56 nach Christus, Rom.

4. Kapitel

Islam

1. Vorüberlegungen

Weltweit bekennen sich mehr als eine Milliarde Menschen zum Islam. In einem beachtlichen Teil des christlich geprägten Abendlandes wird dieser Religion jedoch mit einer gewissen Zurückhaltung begegnet, da sie hier oft als kriegerisch, frauenfeindlich und intolerant eingestuft wird. Die Ereignisse vom 11. September 2001 sowie z. B. auch die weltweiten Unruhen, die 2006 durch die Veröffentlichung von Mohammed-Karikaturen in der dänischen Presse verursacht wurden, haben diese Haltung im christlichen Teil Europas zusätzlich verstärkt.
Obwohl in Deutschland rund 3 Millionen Muslime leben (sie sind vorwiegend türkischer Abstammung), ist die Meinung vieler Jugendlicher über den Islam nach wie vor von allgemein verbreiteten Pauschalurteilen geprägt, denn persönliche Begegnungen mit Muslimen gehören nur in seltenen Fällen zur Normalität.

Deswegen will dieses Kapitel eine bessere Kenntnis des Islam ermöglichen, Gemeinsamkeiten des christlichen und des muslimischem Glaubens herausarbeiten und den Schülerinnen und Schülern die Lebenswelt der Muslime näher bringen.
Darüber hinaus sollen die Einflüsse der arabisch-islamischen Kultur auf die Kultur Europas in diesem Kapitel deutlich gemacht werden.
Hauptanliegen dieser Unterrichtseinheit ist es, durch sachgerechte Informationen Vorurteile abzubauen, die Grundlagen für den Respekt gegenüber Menschen dieser Glaubensgemeinschaft zu schaffen, unbegründete Ängste gegenüber Muslimen zu entkräften und den persönlichen Kontakt zu ihnen zu fördern. Dieser persönliche Kontakt ist für 13-jährige Jugendliche der wirkungsvollste Weg zu einem toleranten Umgang mit Menschen anderer Glaubensgemeinschaften. Außerdem soll den Schülerinnen und Schülern durch das Kennenlernen einzelner Merkmale der islamischen Religion der eigene christliche Standpunkt klarer und bewusster werden.

2. Anmerkungen zu den Materialien & Fundgrube für den Unterricht

2.1 Eröffnungsseiten

Mosaiksteine, 80

Diese Seite weist auf das Hauptanliegen des Kapitels hin: Dem Dialog mit anderen Religionen soll die Haltung der Toleranz und der Achtung des jeweils anderen zugrunde liegen.

1. Zitat:
Stellungnahme des Landesbischofs der Evangelisch-Lutherischen Kirche in Bayern, *Dr. Johannes Friedrich*, dessen Aussage für jeden evangelischen Christen als Beispiel gelten kann.

2. Zitat:
Mohammed Anwar el Sadat war bis1981 Präsident Ägyptens. Am 6. Oktober 1981 wurde er von einem fanatischen Muslim ermordet. Sadat führte eine Politik des friedlichen Ausgleichs und schloss im Zuge seiner Bemühungen um Stabilität im Nahen Osten einen Friedensvertrag mit Israel. Dafür erhielt er im Jahre 1978 den Friedensnobelpreis.

Mosaiksteine, 81 Anhand des Bildes *Betender Beduine* können die Schüler/innen die Grundhaltung der Muslime ihrem Gott gegenüber erkennen und erläutern. Die Bedeutung des Begriffes *Islam* unterstreicht die Bildaussage. Als ergänzendes Material kann die Definition der Begriffe Muslim und Muslima von Seite 82 (Info-Leiste) eingesetzt werden.

2.2 Islam – Muslime unter uns

Mosaiksteine, 82 Was weißt du über Muslime?
Die durchmischten richtigen und falschen Äußerungen sollen den Schülerinnen und Schülern bewusst machen, wie unreflektiert und oft nicht zutreffend die »Kenntnisse« über die Religion des Islam in unserer christlich geprägten Gesellschaft sein können.
Diese Seite dient außerdem einer ersten Erhebung des Vorwissens über die islamische Religion und über die damit verbundenen Lebensgewohnheiten.

M 1 Test zur Erhebung des Vorwissens über den Islam

Mosaiksteine, 83 Muslime unter uns
Muslimische Kinder aus unterschiedlichen Herkunftsländern stellen sich auf dieser Seite vor. Dies kann als Anregung dienen, muslimische Schüler/innen der eigenen oder einer anderen Schulklasse zu einem Gespräch in den evangelischen Religionsunterricht einzuladen. Die Schilderungen von Bräuchen, Lebensgewohnheiten und Besonderheiten fremder Völker und Kulturen stoßen bei Siebtklässlern auf beachtlich großes Interesse. Auch wenn es dabei nicht immer um religionsbezogene Inhalte geht, sind Begegnungen dieser Art für das Gedeihen der gegenseitigen Achtung von unschätzbarem Wert.

2.3 Mohammed

Mosaiksteine, 84f Text über Mohammeds Leben bis zu seiner Berufung

Methodische Möglichkeiten:
- Nach der Lektüre der Buchseiten 84/85 können beim Ausfüllen des 1. Teils des Arbeitsblattes M 2a die wichtigsten Lebensdaten Mohammeds wiederholt und gefestigt werden.
- Vergleich der Berufungsgeschichte Mohammeds mit der des Jeremia (Jer 1,4–12) oder der des Jesaja (Jes 6,1–13), Herausarbeiten von Gemeinsamkeiten und Unterschieden

M 2a/b Mohammed (Lückentext zum Leben und Wirken des Propheten & Lösungsvorschlag)

2.4 Die Anfänge des Islam

Mosaiksteine, 86

Die Informationen über die Hidschra und die historischen Bedingungen, unter denen die erste Religionsgemeinschaft des Islam entstanden ist, sowie die Daten über die Ausbreitung dieser Religion im arabischen Raum können zum Ausfüllen des zweiten Teils des Arbeitsblattes M2a verwendet werden.

Methodische Möglichkeiten:
Ausrechnen des Jahres, in dem wir nach islamischer Zeitrechnung leben (2006 = 1384)

M 3a/b

Spiel *Auf den Spuren des Propheten* – zur Festigung und Wiederholung der erworbenen Kenntnisse über Mohammed und die Entstehung des Islam geeignet. Der Spielplan sollte vergrößert, die Ereigniskarten ausgeschnitten und die Spielsteine und Würfel bereitgestellt werden.

Mosaiksteine, 87

Das Foto und die angebotenen Informationen sollen die außergewöhnliche Wirkung der Botschaft Mohammeds bis in unsere Tage veranschaulichen. Das Bild kann als visueller Gesprächsimpuls zum Thema genutzt werden.

M 4

Ausbreitung des Islam heute

2.5 Der Koran

Mosaiksteine, 88

Allahs Offenbarung
Diese Buchseite will die Schüler/innen nicht bloß über die Entstehungsgeschichte des Korans und über dessen Aufbau informieren, sondern gleichzeitig die wesentlichen Unterschiede zwischen Bibel und Koran auf einen Blick deutlich machen:
Der Koran ist nach muslimischer Überzeugung, im Gegensatz zur Bibel, kein inspiriertes Menschenwort, sondern sein Text wurde Wort für Wort als Offenbarung Allahs in einer Zeitspanne von 23 Jahren vom Propheten Mohammed empfangen.
Im Koran spricht Allah über alltägliche Aufgaben, über Gebote und Verbote, über das Jenseits, über seine Barmherzigkeit, über das Strafgericht und über die möglichen Wege zur Vergebung.
Seit seiner Offenbarung als Wort Allahs ist der Text des Koran unverändert erhalten geblieben.
Die arabische Sprache dieses Buches ist nicht mit der arabischen Umgangssprache zu vergleichen. Es ist ein altes »Hocharabisch«, das auch Begriffe enthält, die in der deutschen Übersetzung erklärender Beifügungen bedürfen, um verstanden zu werden. Für Muslime ist es Pflicht, die Worte Allahs in der Ursprache (Arabisch) zu lesen und zu rezitieren. Zu Studienzwecken darf der Koran jedoch inzwischen auch für Nicht-Muslime zugänglich gemacht und in andere Sprachen übersetzt werden.
Das Heilige Buch der Muslime erhebt den Anspruch, Zusammenfassung aller religiösen Lehren aller Zeiten zu sein und damit Vervollkommnung und Abschluss des göttlichen Gesetzes.

Mosaiksteine, 89

Allahs Worte als Kunstwerk
Mit den dargebotenen Kunstwerken der Kalligrafie und der Buchmalerei soll die Wertschätzung des Heiligen Buches des Islam für gläubige Muslime verdeutlicht werden.

Methodische Möglichkeiten:
- Vergleich der »Galeere des Glaubens« (S. 89 oben rechts) mit dem christlichen Symbol des Schiffes als Symbol für die christliche Gemeinde (S. 30 im Buch)!
- Kalligrafisches Gestalten des eigenen Namens, des Wortes Bibel oder eines Bibelzitats.
- Sammeln und Vorstellen vergleichbarer Beispiele christlicher Buchmalerei.

2.6 Säulen des Glaubens

Mosaiksteine, 90

Das Bekenntnis
Der Islam hat ein Glaubensbekenntnis, Schahada genannt, in dem mit wenigen Worten (zwei Aussagen) das Wesen des islamischen Glaubens zum Ausdruck gebracht wird:

1. Es gibt keinen Gott außer Allah.
2. Mohammed ist der Gesandte Gottes.

Dieses Bekenntnis wendet sich mit dem ersten Satz grundsätzlich gegen zwei religiöse Auffassungen: gegen den arabischen Polytheismus des 6./7. Jahrhunderts und gegen alle anderen Formen der Vielgötterei überall in der Welt.
Die Schahada versteht sich übrigens auch als Kritik an der christlichen Trinitätslehre, die in Sure 4,171 heftig verurteilt und als Irrlehre dargestellt wird.
Hinweis: Der erste Satz des Bekenntnisses erscheint in vielen offiziellen deutschsprachigen Veröffentlichungen muslimischer Gruppen in der abgedruckten Version: »Es gibt keinen Gott außer Allah«. Da diese Formulierung missverständlich sein könnte, wird heute zunehmend die Übersetzung »Es gibt keinen Gott außer Gott« gewählt. »Allah« bedeutet »Gott« s. Glossar, S. 108. Auch ein Arabisch sprechender Christ betet zu Allah (Gott).

Methodische Möglichkeit:
- Vergleich des islamischen Glaubensbekenntnisses mit unserem Glaubensbekenntnis.
  Wichtig ist hierbei der Hinweis darauf, dass der christliche Glaube an Gott als Vater, Sohn und Heiliger Geist kein Merkmal einer polytheistischen Religion ist, sondern das Bekenntnis zu dem einen Gott, der sich uns in diesen drei Personen offenbart.
  Es muss den Schülerinnen und Schülern deutlich gemacht werden, dass sowohl das Christentum als auch der Islam monotheistische Religionen sind und dass sich bloß die Formen der Offenbarung Gottes unterscheiden. (Vgl. Mosaiksteine 6, S. 104 und Lehrerhandbuch!)

Es gibt im Islam nur den einen Gott, aber diesem schreiben die Muslime viele Eigenschaften zu, die er laut islamischer Lehre selbst im Koran offenbart hat.

M 5 Die 99 Namen Allahs

Methodische Möglichkeiten:
- Die Schüler/innen suchen möglichst viele Namen für den Gott der Bibel. (Vater, Herr, König, Hirte, Licht etc.)
- Sie unterstreichen die Namen auf dem Arbeitsblatt M 5, die auch für den christlichen Gott verwendet werden könnten.
- Die Klasse sucht drei Namen heraus, die die wichtigsten gemeinsamen Merkmale Allahs und des biblischen Gottes zum Ausdruck bringen (z. B. der Schöpfer, der Barmherzige, der Liebende).

Mosaiksteine, 91 Das tägliche Pflichtgebet
Beim rituellen Pflichtgebet (Salat), das fünfmal am Tag verrichtet wird, sind im Unterschied zum spontanen Gebet (Dua) die Worte und Gebetshaltungen, aber auch der Ort, die Gebetsrichtung und die Gebetszeiten genau vorgeschrieben. Die festen Gebetszeiten geben dem Tag eine feste Struktur und verleihen den Gläubigen ein Gefühl der Gemeinsamkeit aller Muslime der Welt. Die Gebetshaltungen sollen die innere Einstellung formen und Ergebenheit und Vertrauen zu Gott auch mit dem Mittel der Körpersprache ausdrücken.

Aktion Die Schüler und Schülerinnen versuchen die Inhalte des Vaterunsers mit gemeinsam festgesetzten Gesten und Körperhaltungen zu untermauern. Die zu den Gebetsaussagen passenden Bewegungen werden jeweils unter dem Gebetstext (auf einer OHP-Folie) festgehalten.
Danach kann das Vaterunser mit wechselnden Körperhaltungen von der gesamten Unterrichtsgruppe gesprochen werden. Anschließend werden die positiven und die als negativ empfundenen Eindrücke der Schüler besprochen.

Mosaiksteine, 92f Ramadan – Fasten als Dank für den Koran
Das Fasten im Monat Ramadan ist die von den meisten Muslimen eingehaltene religiöse Grundpflicht.
Von dieser Pflicht befreit sind Kinder, Alte, Schwangere, Menstruierende, Kranke und Reisende. Jugendliche sollen ab der Pubertät fasten.
Ein Problem, mit dem Muslime in Deutschland konfrontiert werden, ist, dass die Öffentlichkeit von der Fastenzeit praktisch keine Notiz nimmt. Deswegen sind sie oft gezwungen, sich am Arbeitsplatz oder in der Schule für ihr Fasten zu entschuldigen, obwohl dies nach islamischem Verständnis ein Grund zum Glückwunsch wäre.

Methodische Möglichkeiten:
- Sammeln und Gegenüberstellen von Argumenten *für* und *gegen* das Fasten
- Diskussion über die möglichen Folgen des Fastens für Bauarbeiter, Schüler, Leistungssportler u. a.
- Schüler/innen notieren, was sie gerne tun und gerne genießen, um

danach in einem freiwilligen Selbstversuch auf einige dieser Dinge für einen Monat zu verzichten.

- Lehrer informiert über die christliche Fastenaktion »Sieben Wochen ohne« oder ähnliche Aktionen in christlichen Gemeinden.

Mosaiksteine, 94f Die Wallfahrt nach Mekka
Anhand der Schilderung einer Wallfahrt aus der Sicht eines Hadschi können die Schüler/innen die Stimmung und die subjektiven Wahrnehmungen eines Muslim nachvollziehen.
Einzelheiten über den vorgeschriebenen Ablauf der Wallfahrt können aus dem Info-Blatt M 6a und M 6b entnommen werden

M 6a Pilgerkarte mit Pilgerstationen und deren Bedeutung

M 6b Infoblatt über die einzelnen Stationen der Wallfahrt

Methodische Möglichkeiten:

- Lektüre des Info-Textes M 6b in Einzelarbeit
- Quizspiel mit Fragen zu den einzelnen Stationen der Wallfahrt und zu den damit verbundenen Bräuchen

Mosaiksteine, 96 Das Opferfest zum Abschluss der Pilgerreise
Bei der Behandlung dieses Festes sollte auf die Schwierigkeiten eingegangen werden, die Muslime in einem christlich geprägten Lebensraum (z. B. Deutschland) haben, wenn sie Opfertiere nach alter muslimischer Tradition schächten.

Mosaiksteine, 97 Die Pflichtabgabe (Zakat)
Durch die Entrichtung der Pflichtabgabe werden die Muslime zu sozialer Verantwortung und gleichzeitig zur Dankbarkeit gegenüber Gott angehalten. Dieses Geld wird nicht als Steuer eingezogen, sondern freiwillig von den Mitgliedern der muslimischen Gemeinde abgegeben, damit Bedürftigen geholfen werden kann.

M 7 Die Pflichtabgabe im Koran

2.7 Gemeinsame Wurzeln – Abraham, der Stammvater dreier Religionen

Mosaiksteine, 98f Hagar und Ismael im Alten Testament und im Koran
Die beiden Erzählungen über Hagar und ihren Sohn Ismael haben einiges gemeinsam, unterscheiden sich aber auch in einigen wichtigen Punkten:

- Gemeinsamkeiten: Abraham, Sara, Isaak, Hagar und Ismael als Personen; Kinderlosigkeit Saras; Rettung Hagars und Ismaels durch Gott
- Unterschiede: Heirat Hagars mit Abraham (im Islam ist das Heiraten einer zweiten Frau möglich); im Koran befindet sich Abraham auf der Reise nach Jemen; Zurücklassen Hagars und des Kindes in der Wüste; Quelle als Zeichen Gottes für die Gründung der Stadt Mekka.

Die Erzählung des Koran ist von Anfang an darauf angelegt zu erklären, weshalb die Stadt Mekka mitten in der arabischen Wüste gegründet wurde. Sie hebt außerdem besonders hervor, dass es Gottes Wille war, diesen heiligen Ort entstehen zu lassen.

2.8 Die Moschee

Mosaiksteine, 100/101 Aufbau und Funktion des islamischen Gotteshauses werden auf dieser Doppelseite vorgestellt und erläutert.

M 8a/8b Moschee und Kirche im Vergleich (Arbeitsblatt und Lösungsvorschlag)

Aktion
- Besuch einer Moschee & Gespräch mit einem Imam
- Besuch einer Kirche & Gespräch mit einem evangelischen Pfarrer
- Ergebnissicherung: Eigenständiges Ausfüllen des Arbeitsblattes M 8a

2.9 Arabisch-islamische Kultur in unserem Alltag

Mosaiksteine, 102 Die Häufigkeit arabischer Lehnwörter in unserer Sprache wird auf dieser Buchseite an einem Beispiel veranschaulicht.

M 9 Im Cafe
Didaktisch sinnvoll wäre es, mit dem Text »Im Cafe« (M 9) in diese Thematik einzusteigen und die Buchseite Mosaiksteine 102 zur Ergebnissicherung und als Quelle für Hintergrundinformationen zu nutzen.

M10 Liste häufig gebrauchter Lehnwörter arabischer Herkunft

Mosaiksteine,103 Rechenkunst mit arabischen Ziffern
Die Liste der Errungenschaften islamisch-arabischer Kultur könnte noch weitergeführt werden. Einige repräsentative Beispiele werden auch auf dem Informationsblatt M 11 angeboten.

M 11 Leistungen der islamischen Welt des Mittelalters in Kunst und Wissenschaft.

2.10 Dschihad – Der so genannte »Heilige Krieg«

Mosaiksteine, 104 Die unterschiedlichen Deutungsmöglichkeiten des Begriffes Dschihad stellen ein ernstzunehmendes Problem für den Unterricht dar:
Die kriegerischen Äußerungen des Korans dürfen den Schülern und Schülerinnen nicht verschwiegen werden. Es muss ihnen jedoch der historische Hintergrund dieser Äußerungen (erbitterte Kämpfe zwischen dem polytheistisch geprägten Mekka und dem monotheistisch islamischen Medina im 7. Jahrhundert) detailliert erklärt werden, damit nicht der Eindruck entsteht, der Islam sei eine grundsätzlich kriegerische, Gewalt verherrlichende Religion. (Schließlich enthält auch unsere Bibel z. B. im Alten Testament oder in den Paulus-Briefen Äußerungen, die bei wörtlichem, ungeschichtlichem Verständnis heute nicht mehr dem Geist und den ethischen Maßstäben unserer Zeit entsprechen.)
Von vielen Vertretern des Islam wird der Missbrauch dieser Religion zu

kriegerischen oder gar terroristischen Zwecken als eine bedauerliche Entwicklung betrachtet, die dem Wesen des Islam widerspreche.
Als Illustration dafür dient das Interview mit dem führenden Gelehrten der Universität Kairo, Dr. Tantawi (M 12).

M 12 Interview mit Dr. Tantawi, Professor an der Universität Kairo

M 13 Kalligrafien mit Waffenmotiven als Beispiele für religiös begründete Gewaltanwendung

2.11 Frauen in der Welt des Islam

Mosaiksteine, 105 Die Rechte und Pflichten der Frau im Islam werden auf dieser Seite unkommentiert denen des Mannes gegenübergestellt. Es wird absichtlich keine Wertung der angebotenen Informationen vorgenommen, um die Meinungsbildung der Schüler/innen nicht zu beeinflussen.

M 14 Darstellung der besonderen Rolle der Frau in der islamischen Gesellschaft aus der Sicht eines muslimischen Mädchens.

Mögliche Fragen als Gesprächsanstoß:
- Das muslimische Mädchen findet die unterschiedliche Erziehung von Jungen und Mädchen »sehr gut so«. Wie findest du das?
- Leuchten dir die Begründungen für diese unterschiedliche Behandlung von Jungen und Mächen ein?
- Gibt es in unserer Geselschaft Unterschiede in der Erziehung von Jungen und Mädchen?

2.12 Feste als Möglichkeit der Begegnung

Mosaiksteine, 106 Die Beispiele für Möglichkeiten der Begegnung mit Muslimen sind als Handlungsimpulse für die Schülerinnen und Schüler gedacht.

2.13 »Begegnungsknigge«

Mosaiksteine, 107 Diese Begegnungen können nur dann harmonisch und in entspannter Atmosphäre ablaufen, wenn wir die wichtigsten Verhaltensregeln dieses Kulturkreises kennen und beachten. Deswegen bietet diese Seite eine komprimierte Sammlung von muslimischen Verhaltensregeln an, die an einem konkreten Beispiel veranschaulicht werden.

Mosaiksteine, 108 Das kleine Lexikon islamischer Begriffe dient einer knappen Wiederholung und Ergebnissicherung.

3. Quellen und andere Materialien

- Erste Schritte wagen – Eine Handreichung für die Begegnung von Kirchengemeinden mit ihren muslimischen Nachbarn; Hrsg. Evangelisch-Lutherische Kirche in Bayern, München 2002
- Rupp-Holmes, Friederun: Lernstraße Islam – 15 Stationen für den Unterricht in der Sekundarstufe I, Calwer Verlag Stuttgart, 2004
- Hattstein, Markus: Weltreligionen, Könemann Verlag, Köln 1997
- Weiss, Walter M.: Islam Schnellkurs, Dumont Verlag, Köln 1999

M 1a

Was weißt du über Muslime?

richtig	falsch	
☐	☐	Das sind Leute, die an Mohammed glauben.
☐	☐	Die dürfen mehrere Frauen heiraten.
☐	☐	Das sind bei uns die, die in Ethik gehen.
☐	☐	Die meisten kommen aus der Türkei.
☐	☐	Sie haben auch eine Bibel, die heißt Koran und ist auf türkisch geschrieben.
☐	☐	Die Frauen müssen ein Kopftuch tragen und die Mädchen auch, aber nicht alle.
☐	☐	Der Kirchturm bei ihnen ist rund und dünn, da haben keine Glocken Platz.
☐	☐	Sie essen kein Fleisch und trinken kein Bier, aber dafür trinken sie viel Tee.
☐	☐	Zu Gott sagen sie Allah.
☐	☐	Sie kommen nicht zum Schulgottesdienst.
☐	☐	Einen Monat im Jahr fasten sie. Da essen sie gar nichts und trinken auch nichts.
☐	☐	Die Frauen dürfen nicht mit fremden Männern reden. Wenn sie das tun, werden sie von ihren Männern geschimpft.
☐	☐	Ich glaube, die Frauen dürfen nicht in die Moschee.
☐	☐	Sind das nicht die Terroristen, die sich selber in die Luft sprengen, damit sie nachher als Heilige verehrt werden?
☐	☐	Sie beten sehr oft und dann knien sie auf einem kleinen Teppich.
☐	☐	Weihnachten feiern sie nicht.

- Ein Teil dieser Schüleraussagen stimmt nicht. Kreuze richtig oder falsch an und begründe kurz deine Entscheidung. (Beachte: Einige Aussagen sind zum Teil richtig und zum Teil falsch. Hier musst du beide Kästchen ankreuzen und dies ausführlich begründen.)

M 1b

Was weißt du über Muslime?

richtig	falsch	
☐	☒	Das sind Leute, die an Mohammed glauben.
☒	☐	Die dürfen mehrere Frauen heiraten.
☒	☐	Das sind bei uns die, die in Ethik gehen.
☒	☐	Die meisten kommen aus der Türkei.
☒	☒	Sie haben auch eine Bibel, die heißt Koran und ist auf türkisch geschrieben.
☒	☐	Die Frauen müssen ein Kopftuch tragen und die Mädchen auch, aber nicht alle.
☒	☐	Der Kirchturm bei ihnen ist rund und dünn, da haben keine Glocken Platz.
☒	☒	Sie essen kein Fleisch und trinken kein Bier, aber dafür trinken sie viel Tee.
☒	☐	Zu Gott sagen sie Allah.
☒	☐	Sie kommen nicht zum Schulgottesdienst.
☒	☒	Einen Monat im Jahr fasten sie. Da essen sie gar nichts und trinken auch nichts.
☐	☒	Die Frauen dürfen nicht mit fremden Männern reden. Wenn sie das tun, werden sie von ihren Männern geschimpft.
☐	☒	Ich glaube, die Frauen dürfen nicht in die Moschee.
☐	☒	Sind das nicht die Terroristen, die sich selber in die Luft sprengen, damit sie nachher als Heilige verehrt werden?
☒	☐	Sie beten sehr oft und dann knien sie auf einem kleinen Teppich.
☒	☐	Weihnachten feiern sie nicht.

M 2a

Mohammed

1. Im 6. Jahrhundert ______ Christus entwickelte sich eine ehemalige Oase in der arabischen Wüste zur blühenden Handelsstadt. Diese Stadt heißt ____________ . Obwohl sich die Wüstenstämme Arabiens zu der Zeit ununterbrochen bekämpften und sich gegenseitig ausraubten, blieb diese Stadt verschont, denn hier befand sich das große ________________ der Beduinen, ______________. Die Bewohner Mekkas waren in Sippen und Stämme gespalten, die teilweise unterschiedliche ____________ anbeteten und häufig verfeindet waren. In dieser Stadt wurde Mohammed um das Jahr _______ geboren. Im Alter von ______ Jahren war er Vollwaise. Sein Onkel ___________________ zog den Jungen auf und bildete ihn als Geschäftsmann und _______________________aus. Da Mohammed sehr verlässlich war, erhielt er den Beinamen _______ das heißt ___________.
   Eine wohlhabende Kaufmannswitwe namens ______________stellte den jungen Geschäftsmann als Führer ihrer Karawanen an. Später heirateten die beiden und bekamen __ Kinder. Von seinen geschäftlichen Tätigkeiten zog sich Mohammed immer wieder in die Einsamkeit einer Höhle auf dem Berg ______ zum Gebet zurück. Dort sprach eines Tages Gott zu ihm und forderte ihn auf, öffentlich Gottes Wort vorzutragen. Im Hof der Kaaba verkündigte er danach den Glauben an den einen Gott _________ .

2. Unter den Kaufleuten Mekkas schaffte er sich damit viele Feinde, denn die Pilgerfahrten zur Kaaba, wo viele Götter verehrt wurden, waren für die Bewohner Mekkas eine gute ____________________. Da die Lage in Mekka zu bedrohlich wurde, wanderte er im Jahre ____ nach ___________aus. Dort gründete er die erste islamische Gemeinde, __________ genannt.
   Im Jahre _________ zog er mit 10 000 bewaffneten Anhängern in Mekka ein und ließ alle ____________________ an der Kaaba entfernen. Das Heiligtum selbst ließ er weiterhin bestehen, weil dieses laut Überlieferung von _________________, dem Vater aller Gläubigen, errichtet wurde. Die Bevölkerung von Mekka behandelte Mohammed mit großer Milde, was zur Folge hatte, dass viele zum ______ übertraten. Der Prophet Mohammed starb im Jahre _________ .

M 2b

Mohammed

1. Im 6. Jahrhundert _nach_ Christus entwickelte sich eine ehemalige Oase in der arabischen Wüste zur blühenden Handelsstadt. Diese Stadt heißt _Mekka_. Obwohl sich die Wüstenstämme Arabiens zu der Zeit ununterbrochen bekämpften und sich gegenseitig ausraubten, blieb diese Stadt verschont, denn hier befand sich das große _Heiligtum_ der Beduinen, _die Kaaba._ Die Bewohner Mekkas waren in Sippen und Stämme gespalten, die teilweise unterschiedliche _Gottheiten_ anbeteten und häufig verfeindet waren. In dieser Stadt wurde Mohammed um das Jahr _570 n.Chr._ geboren. Im Alter von _6_ Jahren war er Vollwaise. Sein Onkel _Abu Talib_ zog den Jungen auf und bildete ihn als Geschäftsmann und _Karawanenführer_ aus. Da Mohammed sehr verlässlich war, erhielt er den Beinamen _Amin,_ das heißt der _Treue._
   Eine wohlhabende Kaufmannswitwe namens _Chadidscha_ stellte den jungen Geschäftsmann als Führer ihrer Karawanen an. Später heirateten die beiden und bekamen _7_ Kinder. Von seinen geschäftlichen Tätigkeiten zog sich Mohammed immer wieder in die Einsamkeit einer Höhle auf dem Berg _Hira_ zum Gebet zurück. Dort sprach eines Tages Gott zu ihm und forderte ihn auf, öffentlich Gottes Wort vorzutragen. Im Hof der Kaaba verkündigte er danach den Glauben an den einen Gott _Allah_.

2. Unter den Kaufleuten Mekkas schaffte er sich damit viele Feinde, denn die Pilgerfahrten zur Kaaba, wo viele Götter verehrt wurden, waren für die Bewohner Mekkas eine gute _Einnahmequelle_. Da die Lage in Mekka zu bedrohlich wurde, wanderte er im Jahre _622_ nach _Medina_ aus. Dort gründete er die erste islamische Gemeinde, _Umma_ genannt.
   Im Jahre _630 n. Chr._ zog er mit 10.000 bewaffneten Anhängern in Mekka ein und ließ alle _Götterbilder_ an der Kaaba entfernen. Das Heiligtum selbst ließ er weiterhin bestehen, weil dieses laut Überlieferung von _Abraham,_ dem Vater aller Gläubigen, errichtet wurde. Die Bevölkerung von Mekka behandelte Mohammed mit großer Milde, was zur Folge hatte, dass viele zum _Islam_ übertraten. Der Prophet Mohammed starb im Jahre _632 n.Chr._.

M 3a

Auf den Spuren des Propheten

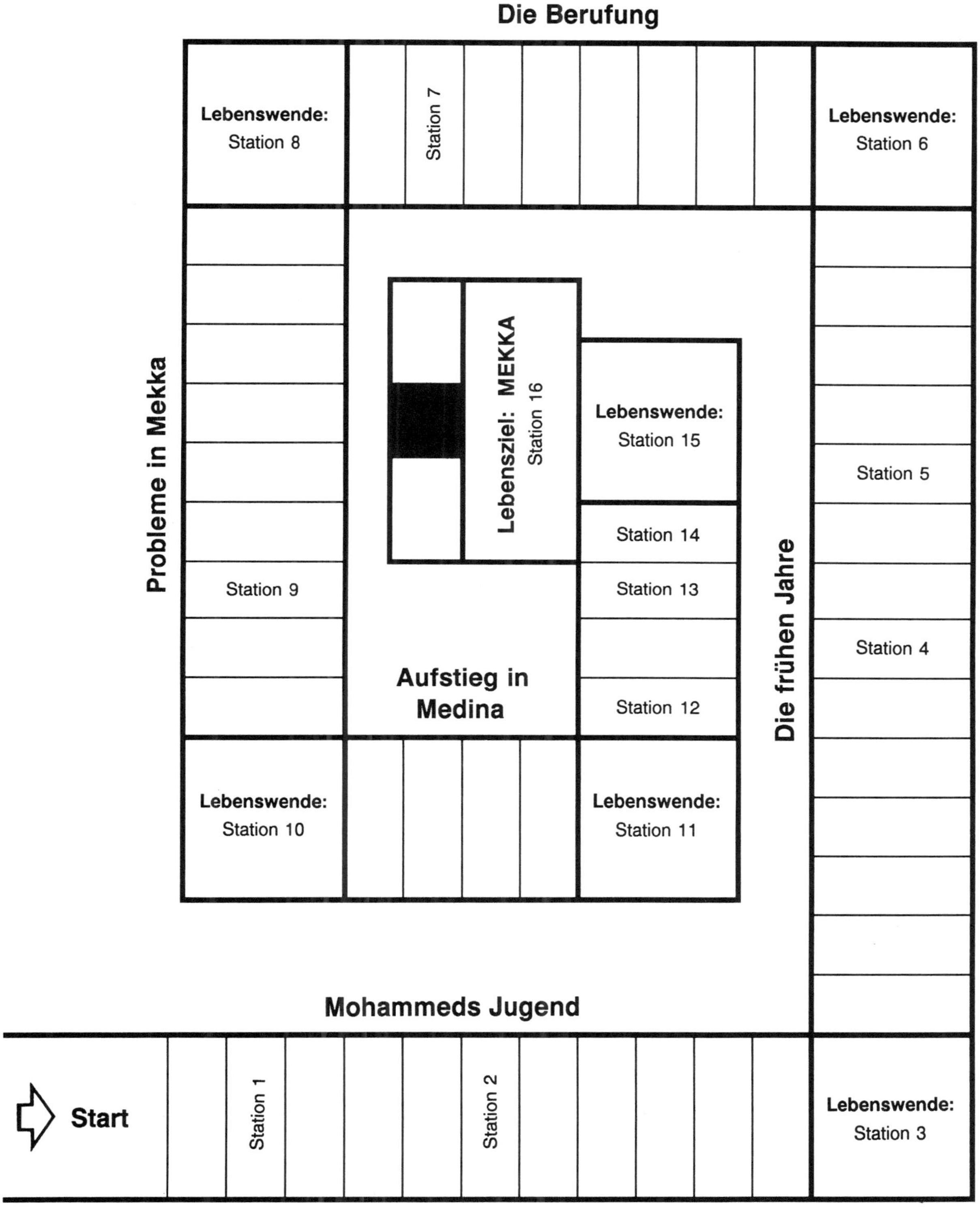

Ereigniskarten

Station 1

Mohammed wird im Jahre **569/570** n. Chr. in **Mekka** geboren. Mit sechs Jahren ist er Vollwaise. Die Aussichten auf ein erfolgreiches Leben sind denkbar schlecht.

Gehe zurück an den Start.

Station 2

Mohammed wächst auf bei seinem angesehenen Onkel **Abu Talib**, für den er zunächst als Viehhirte arbeitet. Der Onkel erkennt schnell seine außergewöhnlichen Begabungen, so daß er ihn mit wichtigen kaufmännischen Aufgaben betraut. Die Aussichten bessern sich.

Rücke zwei Felder vor.

Station 3

Eine der reichsten und angesehendsten Frauen Mekkas interessiert sich für Mohammed, **Chadidscha**, Besitzerin eines großen Handelsunternehmens. Die beiden heiraten – und Mohammed ist mit einem Schlage ein reicher Mann.

Rücke sechs Felder vor.

Station 4

Auf den langen Handelsreisen durch ganz Arabien lernt Mohammed viele Menschen kennen, darunter wahrscheinlich auch **Christen und Juden**. Je mehr sich sein Horizont weitet, desto nachdenklicher wird Mohammed. Er zieht sich immer mehr aus seiner Umgebung zurück.

Setze einmal mit dem Würfeln aus.

Station 5

Mohammed zieht sich immer häufiger in die Einsamkeit des **Berges Hira** zurück. Er widmet sich Meditationen und Gebeten.

Setze einmal mit dem Würfeln aus.

Station 6

Mit etwa 40 Jahren verändert sich Mohammeds Leben völlig. In der Einsamkeit des Berges erlebt er seine Berufung. Es erscheint ihm der **Engel Gabriel** mit dem Auftrag, die Mekkaner zum Glauben an den einen Gott zu bekehren.

Rücke sechs Felder vor.

Station 7

Mohammed leidet unter schrecklichen **Selbstzweifeln**. Weitere Erscheinungen bleiben für einige Zeit aus, und die meisten Leute halten ihn für einen verrückten Spinner. Er denkt daran, seinem Leben ein Ende zu setzen.

Gehe sechs Felder zurück.

Station 8

Mohammed erhält weitere Aufträge des Engels; er ist sich jetzt seiner Berufung ganz sicher. Doch nur wenige folgen ihm. Man verlangt von ihm ein **Wunder**, doch er sagt, der **Koran**, die ihm offenbarte Heilige Schrift, sei das einzige Wunder, das ihn als Propheten ausweise.

Setze einmal mit dem Würfeln aus.

Station 9

Die Mekkaner setzen Mohammed und seinen Anhängern schwer zu. Mehrfach entkommt er nur mit knapper Not einem **Mordanschlag**.

Würfle und gehe die Anzahl der gewürfelten Augen zurück.

Station 10

Mohammed faßt einen folgenschweren Entschluß. Mit seiner Familie wandert er im Jahre **622** aus nach **Jathrib/Medina**. Der Schritt der Verzweiflung wird zur zweiten großen Wende im Leben des Propheten – einer Wende zum Erfolg.

Rücke drei Felder voran.

Station 11	Station 12
In **Medina** schlichtet Mohammed den Streit zweier verfeindeter Stämme. Innerhalb kürzester Zeit findet er eine große Zahl von Anhängern. Er steigt auf zum Führer der neuen islamischen Gemeinde, der **Umma**, die alle Stammesgrenzen sprengt. Aus dem Verfolgten wird ein Staatsmann. *Rücke zwei Felder voran.*	Mohammed begeht einen Fehler, den er später sehr bereut. Er zwingt zwei jüdische Stämme, die sich nicht seiner Lehre anschließen wollen, zur Auswanderung, ein weiterer wird vernichtet. *Setze einmal mit dem Würfeln aus.*

Station 13	Station 14
Mohammed hat einen Angriff der Mekkaner abzuwehren. Im März 624 siegt er bei **Badr**, unterliegt aber kurz darauf am **Berg Uhud.** Es folgen weitere Kriegsjahre gegen die Mekkaner. *Setze einmal mit dem Würfeln aus.*	Im Jahre 628 versucht der Prophet, eine Wallfahrt nach Mekka zu unternehmen, wird aber abgewiesen. Er vereinbart aber immerhin einen zehnjährigen **Waffenstillstand.** *Rücke vor auf Station 15 und warte dort, bis du wieder an der Reihe bist.*

Station 15	Station 16
Nachdem die Mekkaner den Waffenstillstand mehrfach gebrochen haben, greift Mohammed im Jahre **630** nun seinerseits Mekka an. *Um Mekka zu erobern, würfle nun gegen zwei deiner Mitspieler. Wenn keiner von beiden mit seiner Zahl höher liegt als du, tritt ein in die Heilige Stadt. Sonst gehe drei Felder zurück.*	Mohammed verschont die Bevölkerung von Mekka und bekehrt viele zum Islam. Er **reinigt die Kaaba von Götzenbildern,** und macht sie zum zentralen Heiligtum des Glaubens an den einzigen Gott, Allah. Als er **632** stirbt, ist er Herrscher über fast die gesamte arabische Halbinsel. *Um in die Kaaba, das Ziel deiner Reise eindringen zu können, mußt du zwei der Fragen des Extrablattes richtig beantworten. Sonst gehe zurück zu Station 15.*

Spielanleitung :

Stellt eure Spielsteine auf den Ausgangspunkt. Der Jüngste würfelt als Erster, danach geht es weiter im Uhrzeigersinn. Die besonders gekennzeichneten Felder bezeichnen wichtige Lebensstationen des Propheten Mohammed. Wer eine der Stationen erreicht, liest laut die jeweilige Ereigniskarte vor und befolgt deren Anweisungen. Wer als Erster das Ziel erreicht, hat gewonnen.

M 4

Ausbreitung des Islam heute

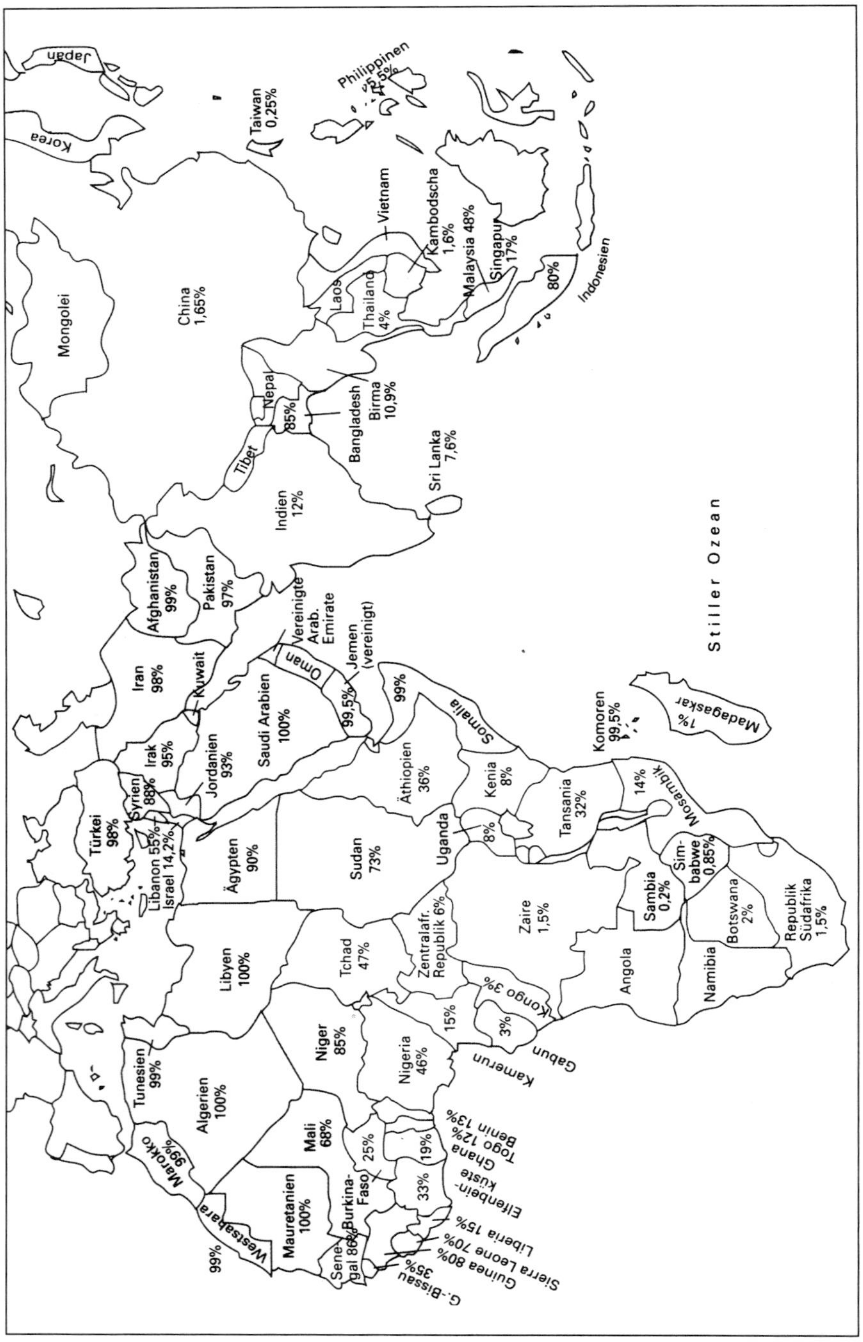

● Grün ist die Farbe des Islam. Kennzeichne mit dieser Farbe alle Länder in denen der Anteil der Muslime mehr als 50% beträgt.

aus: Lernstraße Islam, M 14.1. Calwer Verlag, Stuttgart. Grafik von Bettina Kammer

M 5

Die 99 Namen Allahs

Gott,
der Barmherzige, der Erbarmer,
der König, der Heilige, der Friede, der
Gläubige, der Wachsame, der Mächtige,
der Gestrenge, der Hochmütige, der
Schöpfer, der Erschaffer, der Ordner, der
Nachsichtige, der Herrscher, der immer-
währende Geber, der Verteiler aller
Güter, der Siegreiche, der Wissende, der
Einengende, der Ausweitende, der
Demütigende, der Erhebende, der Ehr-
verleiher, der Erniedrigende, der Hören-
de, der Sehende, der Richtende, der
Gerechte, der Gnädige, der Erfahrene,
der Sanftmütige, der Unzugängliche, der
Verzeihende, der Großzügige, der
Hocherhabene, der Große, der Auf-
merksame, der Ernährer, der Rechner,
der Majestätische, der Edelmütige, der
Überwacher, der Erhörer, der Allgegen-
wärtige, der Weise, der Liebende, der
Glorreiche, der Erwecker, der Augen-
zeuge, der Wahre, der Treuhänder, der
Starke, der Unerschütterliche, der
Beschützer, der Lobenswerte, der Zäh-
lende, der Erneuerer, der Neuschöpfer,
der Lebensspender, der Todbringende,
der Lebendige, der In-sich-Seiende, der
Vollkommene, der Vornehme, der Eine,
der Souveräne, der Kraftvolle, der All-
mächtige, der näher Bringende, der Ent-
ferner, der Erste (Alpha), der Letzte
(Omega), der Offenbare, der Verborge-
ne, der Regierende, der Erhabene, der
Rechtschaffene, der Bereuer, der Rächer,
der Tilger, der Erbarmungsvolle, der
König des Reiches, der Herr der Majes-
tät und des Edelmutes, der recht Han-
delnde, der Versammler, der Reiche, der
Bereicherer, der Verhinderer, der Schädli-
che, das Licht, der Nützliche, der Recht-
leiter, der Einzigartige, der Ewige, der
Führer, der Bleibende, der Geduldige

M 6a

Pilgerkarte und Stationen der Wallfahrt

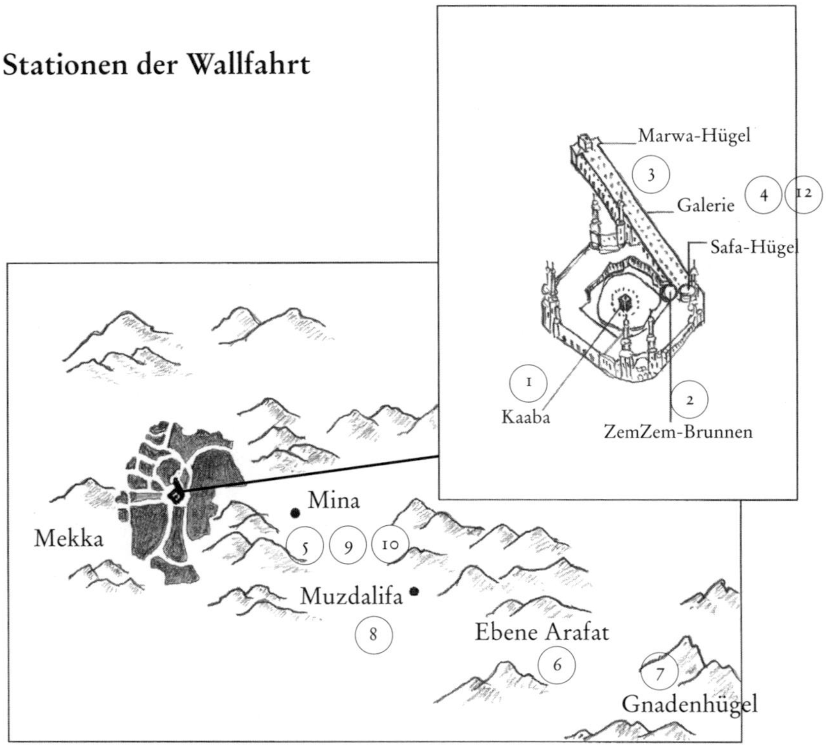

Die Stationen

1. Kaaba (siebenmaliges Umkreisen zur Begrüßung)
2. Zemzem-Quelle mit Safa-Hügel
3. Marwahügel
4. Galerie zwischen Safahügel und Marwahügel (siebenmaliges Hin- und Herlaufen)
5. Mina (Übernachtung auf Weg nach Arafat)
6. Ebene Arafat
7. Gnadenhügel (Ort der Abschiedspredigt Mohammeds)
8. Muzdalifa (Übernachtung bei der Rückkehr nach Mekka)
9. Steinigung der drei Teufel in Mina
10. Schlachtopfer in Mina
11. Kaaba (siebenmaliges Umkreisen zum Abschied)
12. Galerie zwischen Safahügel und Marwahügel (siebenmaliges Hin- und Herlaufen zum Abschied)

Bedeutung

1.	Begrüßung
2.–4.	Erinnerung an Not und Errettung
5.–8.	Erinnerung an Gottes Güte u. Gnade
9 + 10	Absage an das Böse; Freudenfest
11 + 12	Abschied

M 6b

Die Wallfahrt

Einmal im Leben soll jeder Muslim, jede Muslima den Hadsch (die Wallfahrt) nach Mekka durchführen. Die heilige Stadt darf nur zu Fuß betreten werden, sodass die Vorbereitungen dafür schon 20 Kilometer vor Mekka beginnen:
Jeder Pilger reinigt sich und legt das Pilgergewand an, das aus zwei ungesäumten weißen Tüchern besteht. Ab diesem Zeitpunkt befindet er sich für die Dauer der Wallfahrt im Zustand der kultischen Reinheit und darf sich daher nicht mehr waschen, rasieren und kämmen.
Tausende von Pilgern gehen auf der staubigen Straße nach Mekka und rufen dabei immer wieder den typischen Wallfahrtsruf »Labbaika« (zu Diensten, zu Befehl).

1. Vor den Toren der großen Moschee in Mekka zieht jeder Pilger seine Schuhe aus, bevor er das Heiligtum betritt. Siebenmal muss er anschließend im Innenhof der Moschee um die würfelförmige Kaaba laufen. Den Höhepunkt dieser ersten Station bildet das Berühren oder Küssen des schwarzen Steins an einer Ecke.

2. Muslime verehren als ihren Stammvater Ismael, einen der zwei Söhne Abrahams. Ismaels Mutter Hagar suchte einmal in der Wüste, im Tal Mekka, nach Wasser für ihren kleinen Sohn, der kurz vor dem Verdursten war. Gott erhörte ihr Gebet und in der Nähe der heutigen Kaaba entsprang in der Wüste die Quelle Zemzem. Deswegen verrichtet jeder Pilger hier ein Dankgebet.

3.–4. Zur Erinnerung an das verzweifelte Suchen der Hagar läuft der Pilger siebenmal zwischen den Bergen Safa und Marwa hin und her.

5. Auf dem anschließendenWeg in die Ebene Arafat übernachten die Pilger in dem Ort Mina.

6.–7. In der Ebene Arafat angekommen, lagern die Pilger vom Mittag bis zur Abenddämmerung am Fuße des Gnadenhügels, auf dem Mohammed seine letzte Predigt gehalten hat.

8. Auf dem Rückweg wird, da es schon spät am Abend ist, in Muzdalifa übernachtet.

9.–10. Auf dem Weg von Muzdalifa zurück nach Mina sammeln die Pilger kleine Steinchen mit denen sie in Mina die drei Satanssäulen bewerfen. Einer alten islamischen Legende zufolge soll Abraham an dieser Stelle den Teufel mit Steinwürfen vertrieben haben.
Das einzige Schlachtopfer des Islam findet ebenfalls in Mina statt. Für jeden Pilger wird hier ein Kleinvieh (Schaf) oder für je sieben Personen zusammen ein Großvieh geschlachtet.

11. Danach kehren die Pilger nach Mekka zurück, wo sie zum Abschied erneut die Kaaba siebenmal umkreisen.

12. Mit einem abschließenden siebenmaligen Hin- und Herlaufen zwischen Safa- und Marwahügel wird die Wallfahrt beendet. Die meisten Pilger füllen am heiligen Brunnen Zemzem eine Flasche mit dem wunderkräftigen Wasser, das sie mit nach Hause nehmen.

M 7

Die Armensteuer (Zakat)

Als Zeichen der Dankbarkeit gegenüber Gott haben Muslime die Pflicht, einen Teil ihres Einkommens für die Bedürftigen ihrer Glaubensgemeinschaft zu spenden. Diese Hilfe wird nicht als Steuer eingezogen, sondern freiwillig abgegeben.
Diese regelmäßige Abgabe kann zwischen 2,5 und 10 Prozent des Einkommens betragen.

Aus dem Koran:

»Frömmigkeit besteht nicht darin, dass ihr euer Gesicht nach Osten und Westen wendet. Frömmigkeit besteht darin, dass man an Gott, den Jüngsten Tag, die Engel, das Buch und die Propheten glaubt, dass man, aus Liebe zu Ihm, den Verwandten, den Waisen, den Bedürftigen, dem Reisenden und den Bettlern Geld zukommen lässt und (es) für den Loskauf der Sklaven und Gefangenen (ausgibt), und dass man das Gebet verrichtet und die Abgabe entrichtet.«
(Sure 2, Vers 177)

»Und was ihr an Gutem spendet, es ist zu eurem Vorteil. Und ihr spendet nur in der Suche nach dem Antlitz Gottes. Und was ihr an Gutem spendet, wird euch voll zurückerstattet, und euch wird nicht Unrecht getan. Die Spenden sind für die Armen, die auf dem Weg Gottes Behinderung erleiden, so dass sie nicht im Land umherwandern können. Der Törichte hält sie für reich wegen ihrer Zurückhaltung. Du erkennst sie an ihrem Merkmal. Sie betteln die Menschen nicht in aufdringlicher Weise an. Und was ihr an Gutem spendet, Gott weiß es. Diejenigen, die ihr Vermögen bei Nacht und Tag, geheim oder offen, spenden, haben ihren Lohn bei ihrem Herrn, sie haben nichts zu befürchten, und sie werden nicht traurig sein.«
(Sure 2, Verse 272–274)

»Und sie fragen dich, was sie spenden sollen. Sprich: Das Entbehrliche.«
(Sure 2, Vers 219)

M 8a

Moschee und Kirche im Vergleich

Aus: Schnippelbuch, S. 260

Begriffsbedeutung		
Elemente der Innenausstattung		
Gebäudeteile		
Nutzungsmöglichkeiten		
Kleidungsvorschriften		

M 8b

Moschee und Kirche im Vergleich

Begriffsbedeutung	»Ort, an dem man zum Gebet niederfällt«	»Das zum Herrn gehörende (Haus)«
Elemente der Innenausstattung	Koranverse und Ornamente als Wandschmuck Gebetsnische (Mihrab) Kanzel (Minbar) Boden mit Teppichen	Altar, Kanzel, Taufstein, Orgel, Kreuz, Sitzbänke, Altarkerzen, aufgeschlagene Bibel
Gebäudeteile	Minarett Gebetshalle Innenhof mit Brunnen Kuppel	Kirchenschiff(e) Kirchturm Sakristei
Nutzungsmöglichkeiten	Gottesdienst- und Gebetsraum Versammlungsort Ort für Koranunterricht Herberge für Reisende	Gottesdienst- und Gebetsraum Andachtsraum
Kleidungsvorschriften	Kopfbedeckung für Männer und Frauen Schuhe ausziehen	Kopfbedeckung abnehmen Dezente Kleidung

M 9

- 25 Begriffe im folgenden Text sind Lehnwörter aus dem Arabischen. Kannst du sie erkennen? Unterstreiche sie und überprüfe anhand des Textes aus deinem Religionsbuch (Mosaiksteine 7, Seite 102), ob du die richtigen Wörter unterstrichen hast.

Im Café

Nach ihrem Spaziergang durch die Innenstadt Wiens waren die Bühlers völlig ermattet. In einem der alten Jugendstil-Cafés der Stadt wollten sie nun eine Tasse von dem Kaffee genießen, für den, nach alter Wiener Art, die frisch gerösteten Bohnen an der Theke gemahlen werden. Der Duft verbreitete sich im ganzen Raum und vermischte sich mit dem der Marzipan-Torten.
Beim Eingang wurden die beiden von einer Bedienung empfangen, die ihnen anbot, vorerst die Jacke und das Sakko abzulegen und es sich auf dem karminroten Sofa neben der Eingangstür bequem zu machen, bis ein Tisch frei werde. Die Wartezeit verging recht schnell, denn im Hintergrund spielte ein junger Musiker mit weißem Seidenschal klassische Musik auf der Gitarre.
Ein freier Tisch wurde ihnen zugewiesen und sie bestellten vor dem Kaffee erst mal eisgekühlte Limonade, die ihnen in einer Karaffe serviert wurde. Herr Bühler hätte gern ein Bier getrunken, aber bei der Hitze vertrug er keinen Alkohol. »Da dreht's mich wie im Karussell«, sagte er lachend zur Bedienung. Aus Rücksicht auf ihre Figur trank Frau Bühler ihren Kaffee ohne Zucker. Dafür aber ließ sie sich von dem freundlichen Konditor mit der weißen Mütze ein Stück Obsttorte mit Aprikosen und Orangen empfehlen, auf das sie kräftig Sahne schaufeln ließ. Das sollte sie später bereuen, denn ein kleiner Sahne-Klecks verursachte kurz danach einen riesigen Fettfleck auf ihrer lila Bluse. Als ihnen am Schluss die Rechnung vorgelegt wurde, meinte Herr Bühler: »Entweder steht hier eine Ziffer zu viel, oder ich muss tatsächlich mit meiner Kreditkarte bezahlen.«

M 10

Admiral – Algebra – Alkohol – Amalgam – Amulett – Aprikose – Arsenal – Artischocke – Aubergine – Banane – Balsam – Barke – Benzin – Bluse – Bohne – Chemie – Damast - Diwan – Droge – Drogerie – Elixier – Estragon – Gaul – Gips – Giraffe – Gitarre – Ingwer – Jacke – Jasmin – Kabel – Kaffee – Kalium – Karmin – Kandis – Karaffe – Karussell – Kittel – Koffer – Konditor – Kümmel – Kuppel – Lack – Lakritze – Laute – Lila – Limonade – Magazin – Mandoline – Maske – Massage – Mokka – Matratze – Mosaik – Mütze – Muskat – Natrium – Orange – Papagei – Pantoffel – Pfirsich – Razzia – Reis – Risiko – Sandale – Schach – Schanze – Schal – Scheck – Sirup – Sofa – Spinat – Soda – Tabak – Tamburin – Tarif – Tasse – Teppich – Trompete – Watte – Ziffer – Zimt – Zucker – Zwetschge

- Begriffe, die dir nicht bekannt sind, kannst du im Wörterbuch nachschlagen.
- Mit dieser Liste kannst du auch Erwachsene (Lehrer, Eltern, Bekannte) testen, indem du sie aufforderst herauszufinden, was diese Begriffe gemeinsam haben – außer dass sie Hauptwörter sind.

(Lösung: Alle diese Begriffe stammen aus dem Arabischen)

Leistungen der islamischen Welt des Mittelalters in Wissenschaft und Kunst

Die **Reim- und Gesangkunst** der arabischen Beduinen beeinflusste die Liebeslyrik der mittelalterlichen Minnesänger in Europa entscheidend. Saiteninstrumente wie die Laute, die Mandoline und die heute noch so beliebte Gitarre sind **Musikinstrumente** orientalischen Ursprungs.

Auf dem Bild rechts siehst du eine Mandoline und eine Laute

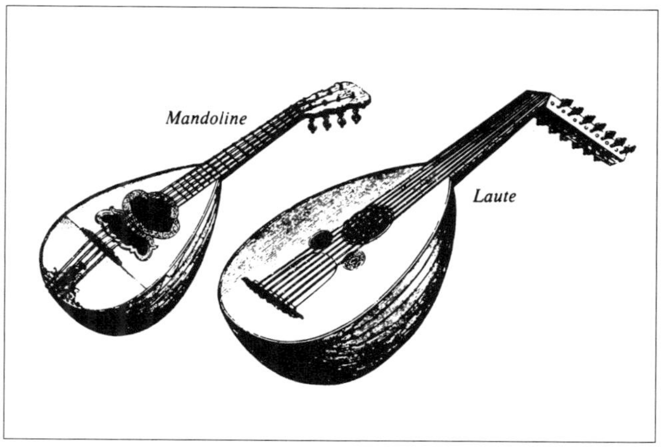

Aus: Schnippelbuch, S. 208

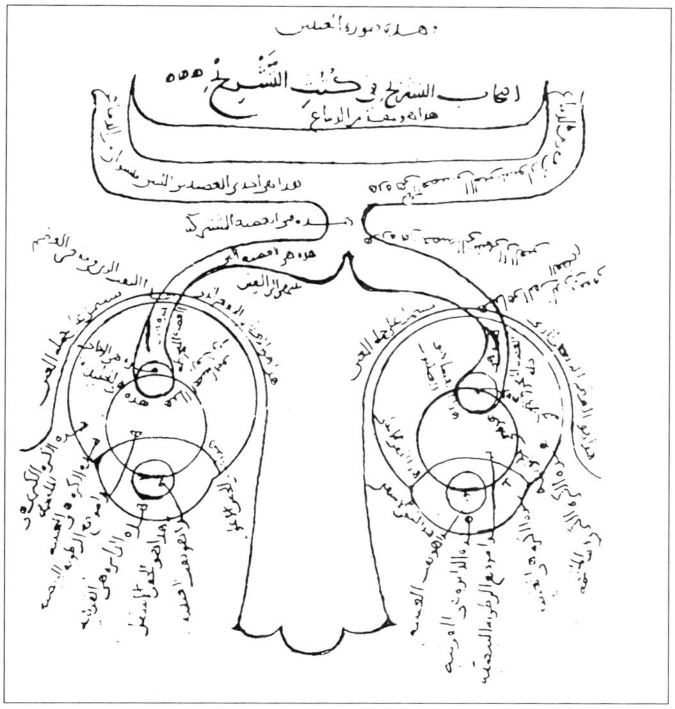

Wichtige Fortschritte in der **Medizin** verdanken wir arabischen Ärzten des Mittelalters. Sie wiesen als erste den **Blutkreislauf** nach, besaßen genaue Kenntnisse über **Infektionen** und konnten diese behandeln. Krankheiten wie **Masern** und **Gelenkrheumatismus** waren ihnen bekannt, und sie waren damals schon in der Lage, schwierige **Operationen am menschlichen Gehirn** unter Vollnarkose durchzuführen.

Auf dem Bild links siehst du das Diagramm eines ägyptischen Arztes aus dem 11. Jahrhundert. Es zeigt die Sehnerven, die das menschliche Auge mit dem Gehirn verbinden.

Auch im **Bereich der Technik** wurde im islamischen Orient Beachtliches geleistet. Sie waren Meister in der **Bearbeitung des Eisens**. Ihre Schwertklingen waren Jahrhunderte lang unübertroffen (Damaszener Schwert). Von den Chinesen übernahmen sie das Wissen über die Papierherstellung und entwickelten neue **Drucktechniken**. Bereits im 12. Jahrhundert war den Muslimen das **Schießpulver** bekannt und im 13. Jahrhundert kannten sie schon das Prinzip des **Raketenantriebs**.
Auch im Bereich der **Astronomie** (Sternkunde) waren die Physiker des Orients weltweit führend.

M 12

Groß-Scheich Tantawi verurteilt Selbstmordattentate, bei denen Unschuldige getötet werden.

Dr. Muhammad Sayyid Tantawi wurde 1996 Großscheich der islamischen Al-Azhar-Universität in Kairo und damit einer der höchsten islamischen Würdenträger in Ägypten. Die Al-Azhar gilt als höchste Istanz des sunnitischen Islam in Fragen der Auslegung islamischen Rechts. Seine im folgenden Interview geäußerten Ablehnung von Terror im Namen des Islam bekräftigte er erneut nech den Ereignissen des 11. September 2001.

Focus: In den vergangenen fünf Jahren sind mehr als 60.000 Menschen – zumeist in Algerien und jetzt wieder in Israel – bei Terrorakten islamischer Extremisten ums Leben gekommen. Töten sie im Namen Allahs?
Tantawi: Jeder Anschlag gegen einen Menschen ist verboten. Ich wiederhole das dreimal – es ist verboten. Wer sagt, dass die Ermordung unschuldiger Menschen für Gott geschieht, ist ein Lügner.
Focus: Ein palästinensischer Dschihad-Kämpfer schrieb vor seinem Selbstmordattentat: »Ich möchte mich auf diesem Weg ins Paradies sprengen.« Er glaubt, als Märtyrer könnte er ins Paradies gelangen.
Tantawi: Das stimmt nicht. Wer sich selbst in die Luft sprengt für eine gerechte Sache, über die sich alle Offenbarungsreligionen einig sind, hat recht. Wer sich aber in einem Bus in die Luft sprengt, wo ihn Menschen, Kinder, Frauen, alte Menschen, behinderte Menschen umgeben, der ist ein Verbrecher.
Focus: Kam die Al-Azhar-Universität vor Ihrer Amtszeit nicht zu einem anderen Urteil? Hieß es damals nicht, wer im Kampf gegen Israel fällt, ist ein Märtyrer?
Tantawi: Es gibt verschiedene Arten von Krieg. Ich sage offen, wenn Feinde uns angreifen, uns töten wollen und uns und unsere Kinder und unsere Häuser zerstören wollen und unser Land beschlagnahmen, und dann kommt jemand und sprengt sich selbst in die Luft gegen diese Feinde, dann ist das Selbstverteidigung. Das bezieht sich auf jeden Aggressor, ob es nun Israel ist oder jemand anders. Wir sind aber streng dagegen, dass er sich an einem Ort sprengt, wo Menschen sich sicher glauben, wo es Frauen und Kinder gibt. Ich wiederhole nochmals und dreifach: Das ist frevelhaft.
Focus: Die Islamisten in Algerien und Hamas in Israel behaupten immer wieder, dass sie einen Dschihad kämpfen. Sie definieren ihn als Heiligen Krieg gegen Abtrünnige und Ungläubige. Ist diese Auffassung richtig?
Tantawi: Es werden ja häufig diese Gruppen zum Islam gezählt. Aber das ist weder berechtigt noch wahr. Die Gruppen, die sich selbst gestatten, überall auf der Welt Menschen abzuschlachten, Kinder zu töten, Frauen niederzumetzeln, sind weder islamisch noch haben sie etwas mit dem Islam zu tun. Das sind destruktive Gruppen, die mit dem Glauben nichts zu tun haben.
Focus: Aber sie missbrauchen ihn?
Tanrawi: Alle vernünftigen Menschen wissen, dass die Instumenalisierung der Religion der Weg der verlogenen Heuchler ist und nicht der wirklich Frommen.

aus: Focus 14/97 vom 29.03.1997, Interviewer Wolfram Eberhardt

M 13

- Vergleiche diese Kalligrafien mit denen auf Seite 89 deines Religionsbuches. Wodurch unterscheiden sie sich?

Illustrationen: Mirko Borsche/SZ-Magazin vom 6. 8. 2004

Erziehung für Jungen – Erziehung für Mädchen

Ich weiß, dass ihr das nicht verstehen könnt, aber bei uns zu Hause wird mein Bruder ganz anders erzogen als meine Schwester und ich.

Meine Eltern geben das auch offen zu und sagen, das sei richtig so. Bei uns werden Mädchen und Jungen unterschiedlich erzogen, weil wir im Leben unterschiedliche Aufgaben zu erfüllen haben. Wir Mädchen müssen die Geschwister beaufsichtigen und im Haus helfen. Mein Bruder begleitet unseren Vater bei seinen Geschäften. Das scheint auf den ersten Blick ungerecht, aber meine Mutter hat uns das so erklärt: Ein Junge muss so früh wie möglich auf sein Amt als Familienoberhaupt vorbereitet werden. Er muss lernen, die Verantwortung für das Wohl und die Sicherheit der ganzen Familie zu übernehmen. Das ist eine hohe Verantwortung.

Die wichtigsten Pflichten, die wir Mädchen zu erfüllen haben, sind im Bereich des Haushalts, der Kindererziehung und der Pflege religiöser Traditionen.

Ein Mädchen muss außerdem laut unserer muslimischen Tradition lernen, sich so zu verhalten, dass es nicht die Blicke fremder Männer auf sich zieht.

Bei uns Muslimen gibt es in der Familie eine klare Aufgabenteilung und entsprechend dieser Aufgabenteilung werden Mädchen und Jungen unterschiedlich erzogen. Ich finde das sehr gut so.

5. Kapitel

Gemeinsam mit Konflikten leben lernen

I. Konflikte in der Familie und unter Jugendlichen

1. Vorüberlegungen

Die Schüler/innen haben bereits während ihrer bisherigen Kindheit Strategien zum Umgang mit Konflikten entwickelt. Je nach Charakter, Reife, familiärer Situation, Freundeskreis, persönlichen Vorbildern, Zusammensetzungen von Schulklassen, prägenden Erlebnissen usw. zeigen die Teenager unterschiedliche – nicht immer sinnvolle – Verhaltensweisen im Konfliktfall.

In der siebten Jahrgangsstufe kommen die Schüler/innen in eine Entwicklungsphase, in der es oft zu Konflikten kommt. Sie versuchen sich zunehmend von anderen abzugrenzen und ein eigenständiges Profil zu entwickeln. Das ist häufig verbunden mit einer kritischen Haltung gegenüber den Erwachsenen und der Schule.

Während dieser Unterrichtssequenz sollen die Schüler/innen über das positive und negative Potenzial von Konflikten nachdenken. Texte und Abbildungen greifen bereits gemachte Erfahrungen auf und können als Grundlage für eine Auseinandersetzung innerhalb der Klasse dienen.

2. Anmerkungen zu den Materialien & Fundgrube für den Unterricht

2.1 Vorschlag für die ganzheitliche Unterrichtsgestaltung

Dem Thema angemessen werden viele Verhaltensweisen durch Rollenspiele bewusst gemacht. Es wäre deshalb hilfreich, für diese Unterrichtseinheit einen Raum, der genügend Platz für diese Aktionen bietet, zur Verfügung zu haben.

2.2 Eröffnungsseiten

Mosaiksteine, 110/111 Der Einstieg in das Thema kann sowohl über die Zitate aus dem Buch der Sprüche als auch über das Bild erfolgen. Die Grafik wurde von einem dreizehnjährigen Schüler im Fach Kunsterziehung mit Ölkreide auf Packpapier zum Thema »Konflikte« angefertigt. Der spannungsreiche Gegensatz von Texten und Bild soll zum Unterrichtsgespräch anregen.

M 1 Spielerische Wahrnehmung von Aggression. Verschiedene Aspekte von Aggression können durch diese Spiele ins Bewusstsein geholt und kanalisiert werden. Die Schüler/innen nehmen sich in der Rolle eines Angreifers/Angegriffenen wahr und reden anschließend über ihre Gefühle.

Aktion Die Schüler suchen aus Zeitungen und Zeitschriften Material zum Thema »Konflikte« heraus und fertigen Collagen an. So machen sie Konflikte in unserer Zeit sichtbar und erkennen deren unterschiedliche Erscheinungsformen.
Mögliche Gesprächsimpulse: Welche Art eines Konflikts erkennt ihr? Wie äußert er sich? Wie verhalten sich die beteiligten Personen? Was könnte die Ursache für den Konflikt sein?

2.3 Konflikte in der Familie

Mosaiksteine, 112 Streit ums Essen
Anhand folgender Impulse lässt sich der Streit genauer analysieren:
1. Warum will Anja nichts essen?
2. Auch Anja hat Wünsche!
3. Welche Formulierungen verstärken zusätzlich den Streit?
4. Wie würdest du dich verhalten, wenn du an Anjas Stelle wärst?
Der Aspekt »konfliktträchtiges Sprechen« kann auch anhand von Situationen in der Schule oder Nachmittagstalkshows im Fernsehen erarbeitet werden.

Methodische Möglichkeit:
Die Schüler/innen machen in Gruppenarbeit Vorschläge zur Lösung dieses Konflikts. Jede Gruppe spielt ihre Variante vor. Anschließend werden die Vorschläge von allen Schülern beurteilt und die brauchbaren festgehalten.

M 2 Regeln für ein gelingendes Gespräch

Mosaiksteine, 113 Papa voll in Fahrt
Diese Geschichte veranschaulicht das negative Potenzial von Konflikten. Die Schüler/innen können vermutlich von ähnlichen Erfahrungen berichten.

Methodische Möglichkeit:
Im Streit können Aussagen bzw. Verhaltensweisen vorkommen, für die man sich entschuldigen sollte. Jede(r) Schüler/in überlegt, ob er sich in Konflikten falsch verhalten und danach eine Entschuldigung unterlassen hat. Die Jugendlichen bitten ehemalige Gegner für schuldhaftes Verhalten um Verzeihung, z. B. indem sie ihnen einen Brief schreiben.

2.4 Konflikte unter Jugendlichen

Mosaiksteine, 114 Wenn dich die anderen fertig machen
Die Texte können eine Brücke zu persönlichen Erlebnissen der Schüler/innen bilden.

Mögliche weiterführende Fragestellungen:
Was hast du gedacht und gefühlt? Hat sich die Situation durch etwas verschlimmert? Hat jemand eingegriffen? Welche Maßnahmen empfandest du als hilfreich?
Mobbingopfer berichten oft von dem Gefühl der Hilflosigkeit und Angst.

Wenn viele Schüler diese negative Erfahrung teilen, kann das die Bereitschaft stärken, Mobbing z. B. in der eigenen Klasse nicht mehr zuzulassen.

Mosaiksteine, 115 Gewalt an Schulen – Projekt einer Theatergruppe
Das geschilderte Projekt wurde wirklich an einer Mädchenrealschule durchgeführt. Es bestätigt die Erkenntnis, dass Gewaltopfer oft keine Hilfe bekommen, selbst wenn viele Menschen in der Nähe sind, die helfen könnten. Je mehr Personen Zeugen einer Gewalttat werden, desto weniger fühlt sich der Einzelne verpflichtet zu helfen.

Mögliche Ergebnisse des Unterrichtsgesprächs:
- Das Opfer kann sich selbst helfen, wenn es sich nicht unterwürfig verhält und aktiv wird.
- Solange es mit seinem Gegner redet, wird nicht gekämpft.
- Das Opfer sollte einzelne Umstehende ansprechen, nicht die ganze Gruppe.
- Der Angreifer sollte nicht angefasst werden, denn Körperkontakt macht ihn meist noch aggressiver.

M 3 Was tun in einer Bedrohungssituation?

II. Konfliktlösungen

1. Vorüberlegungen

In der siebten Jahrgangsstufe ist Gewalt ein verbreitetes Mittel bei Schüler/innen, um seine/ihre Interessen durchzusetzen. Viele Schüler/innen wissen nicht, wie sie sinnvoll mit Konflikten umgehen können. Mit Unterstützung der Religionslehrkraft sollen sie Regeln für faires und konstruktives Streiten entwickeln und einüben. Die Fachlehrkraft ist herausgefordert, den Jugendlichen behutsam Unterstützung und Beratung zu geben, so dass sie sich ernstgenommen und in differenzierter Weise bestätigt und ermutigt fühlen. Die Schüler/innen lernen christliche Maßstäbe, eine Gegenüberstellung von unterschiedlichem Konfliktverhalten und ein Streitschlichtermodell kennen, mit dessen Hilfe sie ihr Verhaltensrepertoire überdenken, eventuell korrigieren und erweitern können.

2. Anmerkungen zu den Materialien & Fundgrube für den Unterricht

2.1 Miteinander umgehen nach den Maßstäben Jesu

Mosaiksteine, 116

Aus der Bergpredigt und der Feldrede
In der »Bergpredigt« fasst Matthäus die Lehre Jesu zusammen. Hier wird erklärt, wie wahre Jünger leben sollen. Es geht nicht einfach um eine Anzahl von festen Regeln, die man befolgen muss. Der Mensch soll seinen Standpunkt radikal verrücken und die Welt mit ganz neuen Augen sehen.
Hinweis: Matthäus hat die auf S. 116 zitierten Worte Jesu aus einer Vorlage, die er mit Lukas gemeinsam hat, der sog. Logienquelle, übernommen und in die Komposition der Bergpredigt (Mt 5–7) eingefügt. Bei Lukas finden sie sich in der (kürzeren) Feldrede (Lk 6). Die Texte werden im Buch teils in freierer Übersetzung wiedergegeben.

Methodische Möglichkeiten:
- Jeder Schüler / jede Schülerin wählt eine Aussage Jesu aus und aktualisiert sie in Form eines Slogans.
- Die Slogans werden in einer ansprechenden Gestaltung auf Plakate geschrieben und im Klassenzimmer aufgehängt.

Mosaiksteine, 117

Jesus und die Ehebrecherin
Die Gesetzeslehrer versuchen, Jesus eine Falle zu stellen. Sie wollen ihn dazu bringen, dass er entweder dem Gesetz des Mose widerspricht oder eine Vorgabe der römischen Behörden missachtet, die es den Juden untersagt, ein Todesurteil auszusprechen. Jesus tut aber nichts von beidem – weder verurteilt er die Frau noch entschuldigt er ihr Verhalten. Er gibt ihr eine zweite Chance.
Das Ereignis kann auch aus der Sicht der Frau betrachtet werden.

Mögliche Erschließungsfragen:
- Welche Gefühle bewegen die Frau zunächst?

- Wie reagieren die Schriftgelehrten, wie die anderen Menschen und wie Jesus auf sie?
- Welche Vorteile hat sie durch die Begegnung mit Jesus?

Weitere methodische Möglichkeiten:
Die Schüler/innen schreiben eine Begebenheit auf, bei der ihnen jemand nach einem persönlichen Fehlverhalten eine zweite Chance gegeben hat. Anschließend lesen sie ihre Texte vor.

M 4 Arbeitsblatt zum Bild »Christus und die Ehebrecherin«

Lukas Cranach der Ältere (geb. 1472 in Kronach, gest. 16. Oktober 1553 in Weimar), Zeitgenosse von A. Dürer, H. Holbein, M. Grünewald u. a., gilt als der Begründer der sächsischen Schule. Seine Bildthemen umfassen biblische Themen, die er sowohl in protestantischer als auch in katholischer Tradition malt, genauso wie Themen der Renaissance und des Humanismus. Berühmt sind seine Porträts, die nie einem Idealbild des Menschen folgen, wie es Albrecht Dürer in italienischer Manier versuchte, sondern die eher im Stil der niederländischen Meister den Menschen ausdrucksstark und individuell darstellen.
Lukas Cranach d. Ä. stand auf der Seite der Reformation und gilt als deren repräsentativer Maler, v. a. weil er die berühmten Porträts von Martin Luther anfertigte.

M 5 Die Tempelreinigung als Comic
Ein weiteres Beispiel für den Umgang Jesu mit Konflikten ist die Geschichte von der Tempelreinigung (Mt 21,12–16; Mk 11,15–18; Lk 19,45–48; Joh 2,13–16).
Im Comic wird sehr anschaulich dargestellt, dass auch Jesus einmal handgreiflich wurde. Das steht in Spannung zu seinen Aussagen wie »Glücklich sind, die auf Gewalt verzichten, denn sie werden die ganze Erde besitzen« und »Richtet nicht über andere, dann wird Gott auch nicht über euch richten.«
Die jährliche Tempelsteuer musste in einer besonderen Tempelwährung entrichtet werden. Dadurch entstand der Bedarf an Geldwechslern. Mit ihnen zog allerdings der Handel in Gottes »Haus des Gebets« ein. Jesus protestiert gegen diesen Missstand in Aufsehen erregender Weise, indem er die Tische der Geldwechsler umwirft.

Mosaiksteine, 118f Das nächste Mal sehe ich nicht mehr weg
Der Text stellt einen typischen Fall von Mobbing in der Schule vor. Die Schüler/innen haben wahrscheinlich schon selbst einen solchen Gewissenskonflikt wie der Erzähler erlebt und können darüber berichten. Ausgehend von der Beendigung des Mobbings durch den Mitschüler Dominik können die Schüler/innen eigene Lösungsmöglichkeiten entwickeln.

Methodische Möglichkeit:
Die Schüler/innen machen sich mögliche Gründe für Mobbing bewusst und formulieren dann in Gruppenarbeit jeweils fünf Grundsätze für eine Schule ohne Mobbing. Die Ergebnisse hält jede Gruppe auf einem Plakat fest. Anschließend werden die Plakate im Klassenzimmer aufgehängt und

die Grundsätze auf ihre Umsetzbarkeit hin überprüft. Am Ende sollte der gemeinsame Beschluss stehen, sich an diese Regeln zu halten. Es wird ein weiterer Termin vereinbart, an dem überprüft wird, ob die Grundsätze eingehalten wurden.

M 6 Info-Blatt: Wer ist am Mobbingprozess beteiligt?

2.2 Konfliktlösungen

Mosaiksteine, 120 Zwei Möglichkeiten, wie man streiten kann
Bei Möglichkeit 1 verschärft sich der Konflikt durch den petzenden und besserwisserischen Mitschüler, die Verständnislosigkeit, Unnachgiebigkeit und Drohung des Lehrers sowie die freche Bemerkung von Helga.
Im zweiten Fall lenkt Uwe die drohende Auseinandersetzung sofort in sachliche Bahnen, indem er von sich aus das Problem erklärt, der Lehrer die Schüler/innen selbst einen Lösungsvorschlag machen lässt und niemand gegen seinen Willen zu diesem Dienst gezwungen wird.

Methodische Möglichkeiten
Bei der Frage »Wo kommt es in eurer Schule immer wieder zu Konflikten?« bietet sich wieder eine handlungsorientierte Bearbeitung in Gruppen an. Jede Gruppe wählt einen Konflikt aus und sucht nach dem Vorbild von Möglichkeit 2 nach einer konstruktiven Lösung. Danach werden die Fälle szenisch dargestellt und beurteilt.
Sollten die Schüler für szenisches Gestalten nicht aufgeschlossen sein, kann die Lösung z. B. auch in Form eines einfachen Comics dargestellt werden.

2.3 Mit Konflikten richtig umgehen

Mosaiksteine, 121 Aufzeigen verschiedener Möglichkeiten des Umgangs mit Konflikten.
Die »zerstörerische Art« und der »Kompromiss« sind die häufigsten Umgangsweisen mit Konflikten. Wenig bekannt dürfte den Schülern die »konstruktive Art« sein. Sie erfordert von den Konfliktparteien ein hohes Maß an Einsatz und Disziplin bei der Bearbeitung. Andererseits bietet sie die Chance, eine für alle Konfliktparteien vorteilhafte Lösung zu finden.

Aktion »Das ist mein Stuhl!«
Ein(e) Schüler/in setzt sich auf den Stuhl eines anderen Schülers. Dieser versucht ausschließlich durch verbale Strategien, den Stuhl zurückzuerobern. Er darf weder den Stuhl noch den darauf sitzenden Schüler berühren. Es sollten verschiedene Möglichkeiten wie z.B. Argumentieren, Bitten, Überreden, einen Kompromiss vorschlagen, Schmeicheln erprobt werden. Unrealistische Versprechungen dürfen nicht gemacht werden. Der »Stuhlbesetzer« darf selbst entscheiden, welcher Versuch ihn eventuell zum Räumen des Stuhls bewegen könnte.

Mosaiksteine, 122 »Ich schwör's, ich bring ihn um!«
Die Begebenheit hat sich wirklich zugetragen und zeigt die Unfähigkeit der Schüler, den Konflikt mit Worten zu lösen. Sie setzen nur auf Tätlichkeiten, die den Konflikt schnell eskalieren lassen.

Methodische Möglichkeit:
Die Schüler/innen überlegen sich zu jedem Handlungsschritt, der die Situation eskalieren lässt, in Partner- oder Gruppenarbeit eine vorteilhafte Alternative und stellen sie der Klasse vor.

2.4 Streitschlichtung

Mosaiksteine, 123 Was man bei einer Streitschlichtung beachten muss
An vielen Schulen gibt es bereits Schüler/innen, die als Streitschlichter ausgebildet wurden. So ein/e Streitschlichter/in kann als Experte in den Religionsunterricht eingeladen werden. Natürlich ist eine sorgfältige Ausbildung unabdingbare Voraussetzung für eine verantwortbare Tätigkeit als Streitschlichter/in. Die im Nachfolgenden vorgeschlagene Aktion kann selbstverständlich eine solche Ausbildung nicht ersetzen.

Aktion Die Schüler/innen üben in Vierergruppen Streitschlichtung. Zwei übernehmen die Rolle der Konfliktparteien in einem selbst gewählten Streitfall. Ein/e weitere/r Schüler/in ist der Streitschlichter/die Streitschlichterin. Der Vierte beobachtet diese/n Schüler/in und kontrolliert, ob er/sie die Vorgaben für eine/n Streitschlichter/in einhält. Wenn ausreichend Zeit vorhanden ist, sollte jede/r Schüler/in einer Gruppe einmal die Rolle des Streitschlichters/der Streitschlichterin übernehmen.

3. Andere Materialien

- Arbeitsgemeinschaft Jugend & Bildung e.V., Taunusstraße 54, 65183 Wiesbaden, in Zusammenarbeit mit dem Bundesministerium des Innern (Hg.): basta. Nein zur Gewalt. Ein Heft für Jugendliche 1999/2000.
- Bundesverband Mediation e.V., Fachgruppe Schule und Jugendarbeit (Hg.): Materialsammlung zur Mediation an Schulen. Kirchweg 80, 34119 Kassel.
- Bundeszentrale für politische Bildung (BpB): Schritte gegen Gewalt. Pädagogische Konzepte der Gewaltprävention. In: Informationen zur politischen Bildung 2000.
- Faller, Kurt/Kerntke, Wilfried/Wackmann, Maria: Konflikte selber lösen. Ein Trainingshandbuch für Mediation und Konfliktmanagement in Schule und Jugendarbeit. Verlag an der Ruhr, Mühlheim an der Ruhr, 1996.
- Jefferys-Duden, Karin: Konfliktlösung und Streitschlichtung. Das Sekundarstufen-Programm. 2000. Beltz Buch-Service. Postfach 100154. 69441 Weinheim.
- Jefferys, Karin/Noack, Ute: Streiten, Vermitteln, Lösen; Das Schüler-Streit-Schlichter-Programm für die Klassen 5–10. AOL-Verlag, Lichtenau, 3. Auflage, 1999.
- http://mobbingzirkel.emp.paed.uni-muenchen.de (Beispielfälle und Diskussionsforum)
- Olweus, Dan: Gewalt in der Schule. Was Lehrer und Eltern wissen sollten – und tun können. Hans Huber, Bern.

- Praxisratgeber zur Betreuung und Beratung von Kindern und Jugendlichen: Problemsituationen, Unterstützungsangebote und rechtliche Möglichkeiten in besonderen und schwierigen Lebenslagen. Forum Verlag Herkert GmbH. Mandichostraße 18. 86504 Merching.
- Staatsinstitut für Schulpädagogik und Bildungsforschung: Gewalt und Aggression an der Schule. Arbeitsbericht Nr. 276. München 1996.

III. In Krisen im Namen Gottes sprechen

1. Vorüberlegungen

Ging es in den vorangehenden Abschnitten vor allem um Konflikte im unmittelbaren Erfahrungsbereich der Schüler/innen, so weitet sich nun die Perspektive. Der Blick richtet sich auf gesellschaftlich-politische Auseinandersetzungen. Es werden exemplarisch Menschen vorgestellt, die in Krisen- und Konfliktsituationen auf Grund ihrer Überzeugung angesichts von Unrecht und Ungerechtigkeit nicht schwiegen, sondern ihren Mund auftaten und für Recht und Gerechtigkeit eintraten.

Der Prophet Jeremia, der beispielhaft für die alttestamentlichen Propheten steht, Julius von Jan und M. L. King, als Beispiele aus neuerer Zeit, tun dies aus ihrer Glaubensüberzeugung heraus. Sie gewinnen aus ihrem Glauben sowohl die Fähigkeit, Missstände und ihre Ursachen klar zu erkennen, als auch die Kraft gegen Widerstände und Anfeindungen durchzuhalten und zu dem, was sie als richtig erkannt haben, zu stehen. Mahatma Gandhi gehört in diesen Kreis, weil er, obwohl nicht Christ, nach eigenem Bekunden stark von den Worten Jesu beeinflusst war.

Selbstverständlich lassen sich die angeführten Beispiele nicht einfach ins Leben der Schüler/innen übertragen. Sie können aber zeigen, dass es bedeutsam ist, bei Kontroversen und in Krisen einen eigenen Standpunkt einzunehmen und zu vertreten. Der große Mut der vorgestellten Personen kann so die Bereitschaft fördern, auch gegen eine Mehrheit zur eigenen Überzeugung zu stehen. Die Beispiele zeigen vor allem aber auch die motivierende Kraft, die aus dem Glauben an den Gott erwachsen kann, der Recht und Gerechtigkeit für alle Menschen will.

2. Anmerkungen zu den Materialien & Fundgrube für den Unterricht

Mosaiksteine, 124

Jeremia greift ein
Die meisten Schüler/innen wissen kaum etwas über die Propheten des Alten Testaments. Sie haben zu Jeremia wohl noch den leichtesten Zugang, da er selbst sehr jung war, als er von Gott berufen wurde. Der Abschnitt bietet eine Möglichkeit, am Beispiel des Jeremia einige wichtige Aspekte der alttestamentlichen Prophetie zu erarbeiten.

Die Erzählung S. 124 veranschaulicht die Missstände in Jeremias Umfeld und versucht die sog. Tempelrede lebendig und nachvollziehbar zu machen. Die Schüler/innen sollen die Kritik an den Menschen und deren Handeln auf heute übertragen und aktuelle Missstände erkennen. Die Frage, warum andere Personen diese negativen Dinge nicht verhindern, führt zu dem Problem der Feigheit. Jeremia zeigte großen Mut, weil er seiner Verantwortung gerecht werden wollte und fest auf Gott vertraute.

Am Ende der Unterrichtsstunde kann folgendes Bittgebet stehen:
»Unser Vater im Himmel! Wir haben in dieser Stunde gelernt, dass Jeremia seine Mitmenschen für ihr Fehlverhalten kritisierte. Obwohl er alleine war, zeigte er keine Furcht.
Leider ist das bei uns oft ganz anders. Wir bitten dich: Vergib uns, wo wir selbst falsch gehandelt haben. Und gib uns den Mut, auch in schwierigen Situationen die Wahrheit offen auszusprechen. Amen.«

M 7a/b Arbeitsblatt mit Lösung: Die Bildsprache Jeremias
Bei diesem Spiel geht es darum, einige der von Jeremia benutzten Bilder kennen zu lernen und kurze Textpassagen des Jeremiabuches nachzulesen.

M 8 Anweisung für ein Rollenspiel »Gerichtsverhandlung gegen Jeremia«
Im Rollenspiel beleuchten die Schüler/innen die Gestalt des Propheten aus verschiedenen Perspektiven. Am Ende der Gerichtsverhandlung soll ein ausformuliertes Urteil mit Begründung stehen. Alle Gruppen verfügen über dieselben »Unterlagen« (Bibelstellen).

Mosaiksteine, 125 Mögliche Gesichtspunkte zur Bildbetrachtung:
Das Bild »Der Prophet« bringt Jeremia als Visionsempfänger in den Blickpunkt, der an dem Inhalt seiner Botschaft schwer trägt und von seiner Last erdrückt wird.
Das Bild kann als Folie Schritt für Schritt (Abdecktechnik) analysiert werden, wofür die Visionen zuerst erarbeitet werden sollten. Man kann denselben Effekt durch eine Art Puzzle erreichen, bei dem die Folie zerschnitten wird und die einzelnen Bildelemente zunächst einzeln aufgelegt, erarbeitet und abschließend von der Lerngruppe zusammengesetzt und als Ganzes erschlossen werden. Schwierigkeiten kann das Erkennen der »Heilsvision« bereiten.
Folgende Aspekte können bei der Erarbeitung eine Rolle spielen:

zwei Visionen: (linke Seite)	Zerstörung, Leiden
Vision: (rechte Seite)	Ordnung, »Heil«
Kontraste:	Visionen (linke Seite): Schwarz dominiert (Sonne ist schwarz) Vision (rechte Seite): Weiß überwiegt
Mimik/Gestik:	Bedrückung, Erschöpfung, Angst, Verzweiflung, Ratlosigkeit, Abwehr
Hintergrund/ Person:	erdrückend, auch das Gute lastet auf dem Propheten
Bildaufteilung:	Visionen sind größer als der Prophet (Inhalt wichtiger als Person), Visionen kommen von oben

Mögliche Arbeitsanweisungen:
1. Beschreibt den Gesichtsausdruck und die Haltung der Hände.
2. Was ist im Hintergrund dargestellt?
3. In welchem Verhältnis werden Schwarz und Weiß in den Bildteilen jeweils eingesetzt?
4. In welchem Bezug steht der Hintergrund zur Person?
5. Warum hat der Künstler wohl diese Bildaufteilung gewählt?
6. Gebt dem Bild einen Titel.

(aus: Marlies Schilling/Jörg Schilling: Die Propheten. 28 Arbeitsblätter mit didaktisch-methodischen Kommentaren; Sekundarstufe I. Ernst Klett Verlag, Stuttgart 1996, S. 86.)

Honest Schempp, geb. 1932 in Lindau am Bodensee, ist dort als Maler tätig.

Mosaiksteine, 126 f

Den Mund auftun wie Jeremia – Julius von Jan
Der Text kann nur die wichtigsten Informationen zur NS-Zeit und zur Reichskristallnacht liefern. Die Lehrkraft sollte deshalb auf Fragen der Schüler/innen zu diesem Themenkomplex gefasst sein. Bei der Erarbeitung des Textes sollte im Zentrum die Frage stehen, wann und wie ein Christ angesichts von Unrecht den Mund auftun kann bzw. muss.

Mosaiksteine, 128 f

Gewaltloser Widerstand – Mahatma Gandhi
Dass man nicht unbedingt Christ sein muss, um im Geist der Bergpredigt Konflikte gewaltfrei lösen zu können, zeigt dieser Text über Gandhi. Hier wird auch deutlich, dass die Bergpredigt nicht nur im privaten Bereich, sondern auch auf politisch-gesellschaftlicher Ebene angewendet werden kann.

Methodische Möglichkeit:
Die Zitate Gandhis provozieren eine Diskussion über die Frage, inwieweit Gewalt ihre Berechtigung hat.

Mosaiksteine, 130 f

Ohne Gewalt gegen Rassismus – Martin Luther King
Der Text beschreibt in vielen Schritten den Weg des schwarzen Pastorensohnes aus Atlanta zum weltberühmten Friedensnobelpreisträger. Die ausführliche Darstellung kann den Schüler/innen dabei helfen, sich mit King zu identifizieren und seine Perspektive zu übernehmen. Es bietet sich eine Übertragung auf Fremdenfeindlichkeit in Deutschland an.

Methodische Möglichkeit:
Die Schüler/innen schreiben die Laudatio zum Friedensnobelpreis für King.

M 9

M. L. King: Grundsätze gewaltloser Aktion. In seinem 1958 geschriebenen Rückblick auf den Busboykott von Montgomery hat King Grundaspekte gewaltloser Aktionen benannt.

Mosaiksteine, 132

Gebet, Zitat und Lied schließen die Unterrichtseinheit ab.

3. Andere Materialien

- AG Rostock-Stadt: Martin Luther King. Themenblatt zu Jahresringe (4. März). In: Christenlehre/Religionsunterricht – Praxis 1/99.
- »Sechzehn Monate Gefängnis und Landesverweis für eine Bußtagspredigt: Pfarrer Julius von Jan in Oberlenningen«. In: Röhm, Eberhard/Thierfelder, Jörg: Juden – Christen – Deutsche. Band 3/I: 1938–1941. – Ausgestoßen -. calwer taschenbibliothek. Stuttgart 1995.
- Schilling, Marlies/Schilling, Jörg: Die Propheten. 28 Arbeitsblätter mit didaktisch-methodischen Kommentaren; Sekundarstufe I. Ernst Klett Verlag, Stuttgart 1996
- http://www.dadalos.org/deutsch/Vorbilder/Vorbilder/gandhi/gandhi.htm
- http://www.frieden-gewaltfrei.de/mahatma.htm
- http://www.heiligenlexikon.de
- http://www.martin-luther-king-zentrum.de

M 1

Spielerische Wahrnehmungen von Aggression

Hahnenkampf

Die Schüler/innen stehen sich in Paaren gegenüber und berühren sich mit den Händen. Ihre Arme sind dabei gestreckt. Zwischen ihnen liegt eine Trennungslinie. Die Gegner versuchen nun den anderen rückwärts zu drücken, um selber über die Linie zu kommen. Dabei müssen die Arme gestreckt bleiben.

Daumendrücken

Die Schüler/innen bilden Paare. Sie geben sich die rechte Hand so, dass die Daumen aufgestellt sind und sich die übrigen Finger ineinander verhaken. Nun kämpfen die beiden Daumen miteinander nach folgenden Regeln: Die Daumen verbeugen sich, dann drücken sie rechts, links, rechts und jetzt versucht jeder Daumen den anderen herunterzudrücken und zu halten.

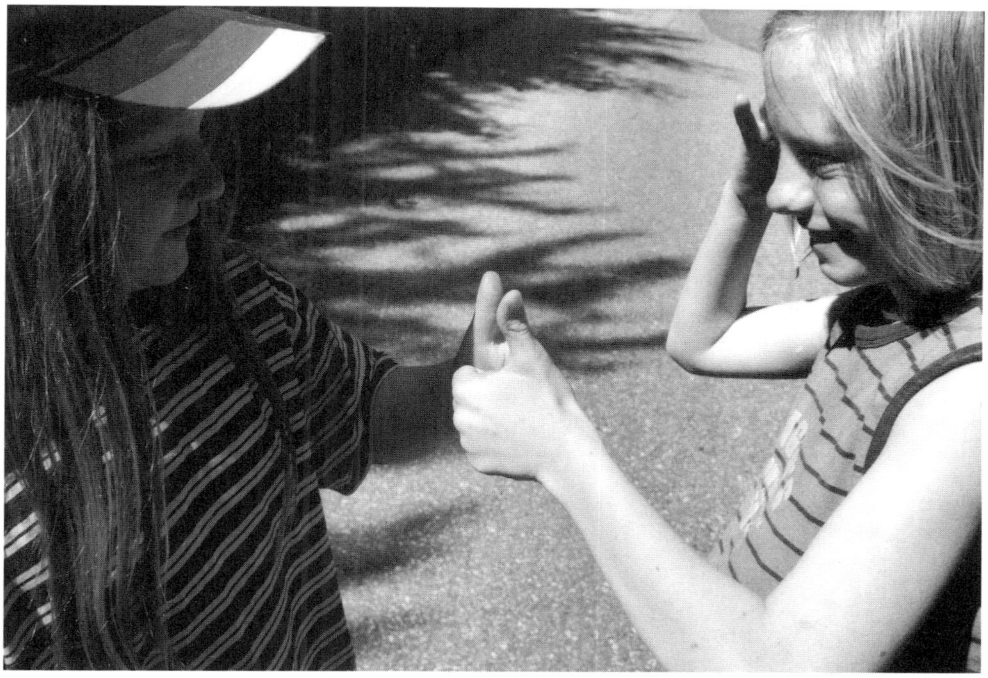

Foto: Ken Brown, München

Marterpfahl

Es stellt sich ein/e Schüler/in in die Mitte und tut so, als ob er/sie an einem Marterpfahl stünde. Alle anderen verwandeln sich in Indianer, die um den Marterpfahl herumtanzen. Der/Die Gefesselte hat den Indianern schweren Schaden zugefügt und alle lassen ihre Wut an ihm aus. Sie können alle Wut, die sich in ihnen gesammelt hat, herauslassen. Sie dürfen den Gefangenen bei ihren Aktionen aber nicht berühren. Zur Auswertung werden die Gefühle der Teilnehmenden abgefragt.

aus: Christenlehre/Religionsunterricht/Praxis 1/99. Evangelische Verlagsanstalt GmbH, Leipzig 1999

M 2

Regeln für ein gelingendes Gespräch

1. In einem freundlichen Ton sprechen.
2. Meinungen sachlich begründen.
3. Die anderen Personen ausreden lassen und aufmerksam zuhören.
4. Bedürfnisse der anderen Person erfragen und diese anerkennen.
5. Vorschläge bringen, die Lösungen ermöglichen.
6. Gegenleistungen anbieten.
7. Über die eigenen Gefühle und Wünsche informieren (Ich-Botschaften geben). Auf anklagende Äußerungen (Du-Botschaften) verzichten, die den anderen beleidigen und verletzen (z. B. »Ich möchte mit dir darüber reden!« statt »Du hörst mir ja sowieso nie zu!«)
8. Bei überzeugenden Gegenargumenten auch nachgeben können.

M 3

Was tun in einer Bedrohungssituation?

1. Vorbereiten!
Bereite dich auf mögliche Bedrohungssituationen seelisch vor: Spiel Situationen für dich allein und im Gespräch mit anderen durch. Werde dir grundsätzlich darüber klar, zu welchem persönlichen Risiko du bereit bist. Es ist besser, sofort die Polizei zu alarmieren und Hilfe herbeizuholen, als gar nichts zu tun.

2. Ruhig bleiben!
Panik und Hektik vermeiden und möglichst keine hastigen Bewegungen machen, die reflexartige Reaktionen herausfordern könnten. Wenn ich »in mir ruhe«, bin ich kreativer in meinen Handlungen und wirke meist auch auf andere Beteiligte beruhigend.

3. Aktiv werden!
Wichtig ist, sich von Angst nicht lähmen zu lassen. Eine Kleinigkeit zu tun ist besser, als über große Heldentaten nachzudenken. Wenn du Zeuge oder Zeugin von Gewalt bist: Zeige, dass du bereit bist, gemäß deinen Möglichkeiten einzugreifen. Ein einziger Schritt, ein kurzes Ansprechen, jede Aktion verändert die Situation und kann andere dazu anregen, ihrerseits einzugreifen.

4. Geh aus der dir zugewiesenen Opferrolle!
Wenn du angegriffen wirst: Flehe nicht und verhalte dich nicht unterwürfig. Sei dir über deine Prioritäten im Klaren und zeige deutlich, was du willst.

5. Halte den Kontakt zum Angreifer!
Stelle Blickkontakt her und versuche Kommunikation herzustellen bzw. aufrechtzuerhalten.

6. Reden und Zuhören!
Teile das Offensichtliche mit, sprich ruhig, laut und deutlich. Hör zu, was dein Gegner bzw. Angreifer sagt. Aus seinen Antworten kannst du deine nächsten Schritte ableiten.

7. Nicht drohen oder beleidigen!
Mach keine geringschätzigen Äußerungen über den Angreifer. Versuche nicht ihn einzuschüchtern, ihm zu drohen oder Angst zu machen. Kritisiere sein Verhalten, aber werte ihn persönlich nicht ab.

8. Hol dir Hilfe!
Sprich nicht eine anonyme Masse an, sondern einzelne Personen. Dies gilt sowohl für Opfer als auch für Zuschauerinnen und Zuschauer. Sie sind bereit zu helfen, wenn jemand anderes den ersten Schritt macht oder sie persönlich angesprochen werden.

9. Tu das Unerwartete!
Falle aus der Rolle, sei kreativ und nutze den Überraschungseffekt zu deinem Vorteil aus.

10. Vermeide möglichst jeden Körperkontakt!
Wenn du jemandem zu Hilfe kommst, vermeide möglichst, den Angreifer anzufassen, es sei denn, ihr seid in der Überzahl, so dass ihr jemanden beruhigend festhalten könnt. Körperkontakt ist in der Regel eine Grenzüberschreitung, die zu weiterer Aggression führt. Wenn nötig, nimm lieber direkten Kontakt zum Opfer auf.

Aktives gewaltfreies Verhalten ist erlernbar.

M 4

1. Lies die Bibelstelle Joh 8,1–11!

2. Welche Person rückt der Künstler in den Vordergrund? Wie erreicht er dies?

3. Was drücken die Gesichter und Gesten der Pharisäer und Schriftgelehrten aus?

4. Wie verhält sich die Ehebrecherin? Beachte ihre Körper- und Handhaltung!

5. Betrachte ihren Gesichtsausdruck und stelle Vermutungen über ihre Gedanken an!

6. Wen blickt Jesus an? Warum wohl?

7. Welche Gefühlslage zeigt Jesu Gesicht? In welcher Weise redet er wohl mit den Gesetzeslehrern?

8. Mit welchen Gesten wendet er sich der Frau zu? Erkläre!

M 5

Die Tempelreinigung

aus: Mastrandrea, Tomasso/Ramello, Guiseppe/Rinaldi, Roberto: Neues Testament – Die Bibel – Comic. 1 Das Leben Jesu.

M 6

Wer ist am Mobbingprozess beteiligt?

Mobbende Person

Gemobbte Person

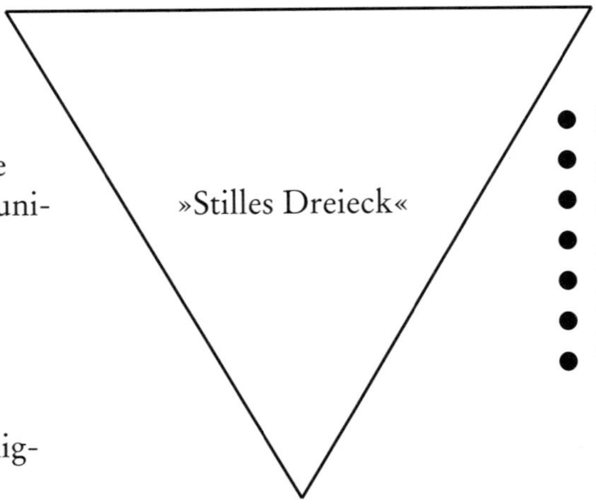

Zuschauer

Mobbende Person

- fühlt sich schlecht
- kein Gespür für Gefühle
- Unfähigkeit zur Kommunikation
- fehlendes Unrechtsbewusstsein
- niedrige Schwelle zur Gewalt
- mangelnde Bindungsfähigkeit
- defizitäre soziale Informationsverarbeitung
- Neidgefühle, Machtbedürfnis, Konkurrenzdenken

Gemobbte Person

- körperlich schwach
- geringes Selbstbewusstsein
- Ängstlichkeit
- Angepasstheit
- Korrektheit
- Konfliktvermeidung
- Wehrlosigkeit

Zuschauer

- passiv (hilflos)
- schaut weg (Angst)
- schweigt

Mobbingopfer kann jeder werden!

aus: Dagmar Mortler, Manuela Kraus, Gaby Kurz, J. Herzstill, Regionale Lehrerfortbildung »Vom Umgang mit Mobbing unter Schülern«, 2003

M 7a

Der Prophet Jeremia verkündigt mit einer gewaltigen und vor allem bilderreichen Sprache. Du sollst einige der von ihm benutzten Bilder kennen lernen und über ihre Bedeutung nachdenken. Unter I. findest du acht Predigt-Bilder des Jeremia. Suche unter II. die dazugehörige Bedeutung des Bildes mit Hilfe der Stellen im Jeremia-Buch unter III. und unterstreiche Bild, Bibelstelle und Bedeutung farbig. Wähle für jedes Bild eine andere Farbe.
Hast du alle Bilder zugeordnet, so ergeben die Buchstaben, die jeder Aufgabe gehören, hintereinander gelesen eine wichtige Verheißung Gottes.

I.
1. Lebendige Quelle/rissige Zisterne (Ic)
2. Der Töpfer (me)
3. Siedender Kessel (se)
4. Das Joch (ihr)
5. Kamelstute/Eselin in der Brunst (ge)
6. Zwei Feigenkörbe (din)
7. Zerschmetterter Krug (Si)
8. Der leinerne Gürtel – verdorben (re)

II.
Juda läuft fremden Göttern nach und hängt sich an die Baale (be)
Juda wird Nebukadnezar untertan (He)
Gott wird den Hochmut Judas verderben (ib)
Unheil droht vom Norden her (tz)
Gott ist allmächtig (in)
Gott wird Jerusalem zerschmettern (nn)
Das Volk verehrt tote Götzen und nicht den lebendigen Gott (hw)
Gott wird die Verbannten bewahren und die Großen in Jerusalem dahingeben (ih)

III.

1,13-16 (in)	24,1-10 (ren)
19,1-13 (sch)	13,1-11 (en)
27,1-11 (rz)	2,13 (ill)
2,23 f. (nun)	18,1-10 (Ge)

Lösung:

1. ______ ______ ______
2. ______ ______ ______
3. ______ ______ ______
4. ______ ______ ______
5. ______ ______ ______
6. ______ ______ ______
7. ______ ______ ______
8. ______ ______ ______

____

____

Lösung

Bei diesem Spiel geht es darum, einige der von Jeremia benutzten Bilder kennen zu lernen und kurze Textpassagen des Jeremiabuches nachzulesen.

Auflösung:

1. Ic hw ill
2. me in Ge
3. se tz in
4. ihr He rz
5. ge be num
6. din ih ren
7. Si nn sch
8. re ib en

Ich will mein Gesetz in ihr Herz geben und in ihren Sinn schreiben.

M 8

Gerichtsverhandlung gegen Jeremia

Im Kapitel 26 des Jeremia- Buches wird erzählt, Jeremia sei nach seiner Rede im Tempel am »Neuen Tor« vor Gericht gestellt worden. Sicher herrschte keine Einigkeit über die Bedeutung des Verhaltens Jeremias.

Bildet vier Gruppen:

- Verteidiger des Jeremia
- Ankläger des Jeremia
- Reporter
- Zeugen

Jede Gruppe liest folgende Textstellen:

Jer 2,1-13.18.19; Jer 7,3-15; Jer 11,18-23; Jer 19,14-20,6; Jer 26

Notiert jeweils in wenigen Sätzen, was aus der Sicht eurer Gruppe für die Gerichtsverhandlung wichtig sein könnte.

Hier sind einige mögliche Argumente, die ihr verwenden und ausbauen könntet.

Verteidiger:
- von Gott berufen
- trotz Misshandlung nicht aufgegeben

Ankläger:
- notorischer Unruhestifter
- bereits mehrfach aufgefallen
- Geltungsdrang

Reporter:
- widersprüchliche Einschätzung als Beobachter
- sagt Untergang Judas voraus
- behauptet im Auftrag Gottes zu handeln

Zeugen:
- Jeremia macht deutlich, dass es ihm ernst ist
- beruft sich immer wieder auf Gottes Auftrag
- bleibt trotz Angriffen bei seiner Aussage

Jede Gruppe bestimmt ein Mitglied zum Richter.
Der oberste Richter leitet die Verhandlung,
bei der jede der Gruppen zu Wort kommen muss.

Aus: Marlies Schilling/Jörg Schilling, Die Propheten. 28 Arbeitsblätter mit didaktisch-methodischen Kommentaren, Sekundarstufe I. Ernst Klett Verlag, Stuttgart 1996, S. 440

M 9

Martin Luther King: Grundsätze gewaltloser Aktion

In seinem 1958 geschriebenen Rückblick auf den Busboykott von Montgomery hat King Grundaspekte gewaltloser Aktionen benannt:

- Gewaltloser Widerstand ist keine Methode für Feiglinge. Es wird Widerstand geleistet. Wenn jemand diese Methode anwendet, weil er Angst hat oder nur weil ihm die Werkzeuge zur Gewaltanwendung fehlen, so handelt er in Wirklichkeit gar nicht gewaltlos.

- Gewaltloser Widerstand will *den Gegner nicht vernichten oder demütigen .... Der Zweck ist ... Aussöhnung. Die Frucht des gewaltlosen Widerstandes ist eine neue, echte Gemeinschaft.*

- Der Angriff ist *gegen die Macht des Bösen gerichtet ..., nicht gegen Personen, die das Böse tun.*

- Zum gewaltlosen Widerstand gehört *die Bereitschaft, Demütigungen zu erdulden, ohne sich zu rächen, und Schläge hinzunehmen, ohne zurückzuschlagen .... Unverdientes Leiden erlöst. Im Leiden liegt eine gewaltige erzieherische und umwandelnde Kraft.*

- *Der Anhänger des gewaltlosen Widerstands lässt sich weder äußerlich noch innerlich zu Gewalttätigkeiten hinreißen.*

- Der gewaltlose Widerstand gründet auf der Überzeugung, *dass das Universum auf der Seite der Gerechtigkeit steht. Infolgedessen hat der, der an Gewaltlosigkeit glaubt, einen tiefen Glauben an die Zukunft.*

aus: Martin Luther King, Mein Traum vom Ende des Hassens. HERDER spektrum Bd. 4318, hrsg, von Hans-Eckehard Bahr/Heinrich Grosse, S. 12f

Unterricht lebendig gestalten

Bibel-Bilder-Rate-Bücher von Werner Tiki Küstenmacher

Wenn die Bibel zum „Tatort" wird, die Spur nach Ägypten führt und wichtige Zeugenaussagen nur im Alten Testament zu finden sind, kommen kriminalistische Spürnasen und pfiffige Rätselknacker so richtig auf ihre Kosten. Erwünschter Nebeneffekt der Bibel-Bilder-Rate-Bücher: jede Menge Bibelwissen ... Ideal zur Auflockerung des Unterrichts!

je 48 S., je 3,50 € (D),
ab 10 Expl. 3,40 € (D), ab 30 Expl. 3,20 € (D)

Tatort Bibel
Ein kriminalistisches
Bibel-Bilder-Rate-Buch
ISBN 10: 3-532-62048-0
ISBN 13: 978-3-532-62048-9

Perlen und Säue
Ein freches Ratebuch über
biblische Redensarten
ISBN 10: 3-532-62205-X
ISBN 13: 978-3-532-62205-6

Anker und Fische
Ein fröhliches Ratebilderbuch
über kirchliche Symbole
ISBN 10: 3-532-62204-1
ISBN 13: 978-3-532-62204-9

Das Geheimnis am Ölberg
und andere Bilderrätsel
aus Bibel und Kirche
ISBN 10: 3-532-62082-0
ISBN 13: 978-3-532-62082-3

Der Anschlag in Wittenberg
und andere rätselhafte Rate-Bilder
rund um Luthers Reformation
ISBN 10: 3-532-62188-6
ISBN 13: 978-3-532-62188-2

Das Rätselbild von Babylon
Noch ein geheimnisvolles
Bibel-Bilder-Rate-Buch
ISBN 10: 3-532-62124-X
ISBN 13: 978-3-532-62124-0

Wo ist der verlorene Sohn?
Ein lustiges Bibel-Bilder-Rate-Buch
ISBN 10: 3-532-62020-0
ISBN 13: 978-3-532-62020-5

Bibel-Bilder-Rate-Bücher von Heike Hermann, gezeichnet von Rebecca Meyer

Vom Paradies ins gelobte Land
Eine Bibel-Bilder-Rate-Reise
durch das Alte Testament
ISBN 10: 3-532-62323-4
ISBN 13: 978-3-532-62323-7

Gleichnisse und Wunder
Ein wundersames
Bibel-Bilder-Rate-Buch
ISBN 10: 3-532-62322-6
ISBN 13: 978-3-532-62322-0

claudius

www.claudius.de

EVANGELISCHE WOCHENZEITUNG FÜR BAYERN

Sonntagsblatt

Einfach mal testen!

Das Sonntagsblatt-Abo für den Religionsunterricht
12 Ausgaben zum Vorzugspreis

Aktuelle Themen im Religionsunterricht zu besprechen erfordert viel Vorbereitungsaufwand. Im Sonntagsblatt, der evangelischen Wochenzeitung für Bayern, finden Sie alles Wichtige über Themen, die Ihre Schülerinnen und Schüler bewegen.

PROBIEREN SIE UNS AUS!

Sie erhalten

- 12 Ausgaben zum Vorzugspreis von 9,90 € (statt 14,85 €)
- die „Luther-Tasse“ für die gemütliche Lektüre bei einem Kaffee

BESTELLEN SIE IHR ABO

unter dem Stichwort „Das Sonntagsblatt-Abo für den Religionsunterricht – 12 Ausgaben zum Vorzugspreis“ beim

Sonntagsblatt, Aboservice,
Birkerstr. 22, 80636 München
Tel. (089)12172-0, Fax (089)12172-138,
E-Mail: aboservice@epv.de

Bezugbedingungen:
Sie erhalten das „Sonntagsblatt-Abo für den Religionsunterricht“ für 3 Monate zum Vorzugspreis von 9,90 € (= 33 % Rabatt auf den regulären Preis) inkl. MwSt. und Versandkosten. Als Geschenk erhalten Sie die „Sonntagsblatt-Tasse“, die Sie auf jeden Fall behalten dürfen.

Falls Sie nach dem dreimonatigen Probeabo keine weiteren Ausgaben mehr wünschen, sagen Sie nach Erhalt der achten Ausgabe schriftlich bei oben genannter Adresse ab (z.B. per Brief, Fax, E-Mail). Ansonsten erhalten Sie das Sonntagsblatt weiterhin wöchentlich frei Haus zum Jahrespreis von 59,40 € (inkl. MwSt. und Versandkosten). Die Kündigung ist dann jederzeit bis 8 Wochen vor Quartalsende möglich.

Vertrauensgarantie: Sie können diesen Auftrag innerhalb von 14 Tagen in Textform (z.B. per Brief, Fax, E-Mail) bei oben genannter Adresse widerrufen.